AF194221

NOTENTRÄUME

LITERATURLABOR LEVERKUSEN

NOTENTRÄUME

Neue Texte aus dem Literaturlabor Leverkusen

Bibliografische Information der Deutschen Nationalbibliothek
Die Deutsche Nationalbibliothek verzeichnet diese Publikation
in der Deutschen Nationalbibliografie; detaillierte bibliografische
Daten sind im Internet über http://dnb.d-nb.de abrufbar.

Notenträume.
Neue Texte aus dem Literaturlabor Leverkusen
Herausgegeben von: Christian Linker und Regina Schleheck
Redaktion: Stefan Andres, Ulrich Bornewasser, Christian Linker, Regina Schleheck
Umschlagdesign, Satz, Herstellung und Verlag:
BoD – Books on Demand, Norderstedt
ISBN 978-3-7568-2386-4

Das Literaturlabor Leverkusen sowie die
Drucklegung wurden organisatorisch und finanziell
unterstützt durch den CHEMPARK.

Der Förderverein Literatur in Leverkusen e. V. hat
das Projekt LitLabLev unterstützt.

Besonderer Dank gilt dem Industriemuseum Freudenthaler Sensenhammer Leverkusen,
in dessen Räumen das Literaturlabor sein (zweites) Zuhause gefunden hat.

Inhalt

Uwe Richrath, Oberbürgermeister von Leverkusen

Grußwort

Buchprojekt »Notenträume« – Vorwort des Oberbürgermeisters

Liebe Leserinnen und Leser dieser Anthologie,
meine sehr geehrten Damen und Herren,

Leverkusen ist Kulturstadt – die Jazztage und das Museum Morsbroich sind überregional bekannt, die Leverkusener Kulturszene ist vielfältig und abwechslungsreich. Ob bildende Kunst, Musik oder Literatur – künstlerisch wird in unserer Stadt einiges geboten.

Dazu gehört auch die vorliegende – in dieser Reihe bereits vierte – Anthologie, die von den Mitgliedern des Leverkusener Literaturlabors veröffentlicht wird. Unter dem Titel »Notenträume« verbinden sich in den Texten zwei Formen der Kunst, die Musik und die Literatur.

Dafür haben 13 Leverkusener Autorinnen und Autoren insgesamt 17 Kurzgeschichten verfasst, die alle Bezug zur Leverkusener Musikszene haben. So ranken sich Texte um Musiker wie den Gitarrenvirtuosen Reiner Lützenkirchen oder den Schauspieler und Musiker Jan Gregor Kremp, den Feiertagschor aus Hitdorf oder die Band dream von Manfred Gottschalk. Leverkusener Institutionen wie dem Topos oder dem Notenschlüssel werden sprachliche Denkmäler gesetzt.

Damit ist die Anthologie auch eine Reise durch die vielseitige Musiklandschaft und ein persönlicher Einblick in die Musikerseelen unsere Stadt, denn alle Literaten standen im direkten Kontakt zu den von ihnen vorgestellten Kreativen der Leverkusener Szene.

Einen lebendigen Eindruck davon, was Musik aus Leverkusen bietet, kann man sich zudem im Rahmen einer Lesung im Industriemuseum Freudenthaler Sensenhammer verschaffen, die für den letzten Samstag im November geplant ist. Dabei spielen die in den ausgewählten Texten vorgestellten Musiker begleitend Stücke aus ihrem Repertoire.

Das diesjährige Projekt des Literaturlabors Leverkusen wurde erneut vom Nachbarschaftsbüro ›Chempunkt‹ initiiert sowie finanziell unterstützt und gemeinsam mit dem Förderverein »Literatur in Leverkusen« durchgeführt.

Fans des Literaturlabors, Leseratten und Musikliebhaber werden sicherlich große Freude an dem neuen Band haben. Er ist natürlich auch ein perfektes Geschenk aus Leverkusen, um auf Leverkusens kulturellen Reichtum – in diesem Fall insbesondere den literarischen und musikalischen – aufmerksam zu machen.

Viel Vergnügen bei der Lektüre!

Mit freundlichen Grüßen

Uwe Richrath

© Stadt Leverkusen

Michaela Gawlick

Mal angenommen

Sarah umklammerte die Kaffeetasse mit beiden Händen. Kribbelnd meldete sich das Leben in den Fingerspitzen zurück. Sie nippte an dem Cappuccino, den Jenny vor ihr abgestellt hatte. Wie immer mit extra Milchschaum und diesem Lächeln, das den Schneemann, den die Kinder vor der Tür bauten, zum Schmelzen hätte bringen können.

Sie hatte das kleine Café vor zwei Jahren entdeckt, als ihre Mitbewohnerin nach drei Absagen endlich damit rausgerückt war, dass sie und ihr Freund am Wochenende ihre Couple-Time hätten. Sorry, das sei für Sarah als Single vielleicht etwas strange, aber ungeheuer wichtig für die Beziehung. Thomas war längst Geschichte, sie dem Café Fiore treu geblieben. Von dem Tisch in der Ecke aus hatte sie die Leute auf der Straße und die Kuchentheke im Blick. Manchmal las Sarah in einem Schmöker, manchmal, und das kam nicht selten vor, freute sie sich einfach, keine Diskussionen über Kinofilme oder Wochenendbesuche führen zu müssen und bis zum Abendessen in dem roten Samtsessel kleben zu bleiben.

Sarah schob eine Haarsträhne zurück, die sich aus dem locker zusammengebundenen Dutt gelöst hatte, und löffelte den zuckergetränkten Schaum vom Tassenboden. Aus den kleinen Boxen an der Wand tröpfelte *Finn oder Victor* von Johna. Hach! Sie konnte den Text auswendig. *Jeden Tag kommst du mir entgegen. Jedes Mal würd ich so gerne mit dir reden. Zu jeder Zeit trägst du deinen rot karierten Kilt. Du wirkst in dir ruhend und irgendwie ganz erfüllt. Wenn ich dich seh, sag ich Hi und geh weiter.*

Was wusste man von den Leuten, an denen man jeden Tag vorbeilief? Die am Tisch gegenüber – Kumpels? Sie waren fast so oft hier wie sie. WG-Buddys? Oder doch ein Paar?

Jenny, die gerade bei den beiden abkassierte, sah zu Sarah herüber. Sie hielt die leere Kaffeetasse hoch. ›Wie immer?‹, formte sie lautlos mit den Lippen.

Sarah strahlte. Zehn Minuten später standen eine frische Tasse und ein handtellergroßer Donut vor ihr. Mit einem leisen Knacken bahnte sich die Gabel den Weg durch die Schokoglasur. Sarah schob ein Stück des fluffigen Gebäcks in den Mund.

Jenny gönnte sich eine Espresso-Pause. Vor dem 15-Uhr-Ansturm war das Café leer.

Sarah sah sich um. An der Garderobe links von ihr hing ein Herrenmantel. Wer hatte den vergessen? Bei der Kälte? Der rote Dufflecoat mit Knebelknöpfen und Kapuze sah gemütlich aus. Ihr Blick blieb an den fetten Karos hängen. Irgendwie schottisch.

Moment. Der Ärmel. Kann das? Sie hat heute doch noch gar nicht … Sarah presst die Hand auf den Mund, ihre Blicke kleben wie Kaugummi an dem Mantel. Der rechte Arm bewegt sich, eine Hand, durchsichtig, wie aus Eis gemeißelt, schiebt sich heraus. Und winkt sie heran. Absolut irre. Sarah schaut sich um, keine Spur von Jenny. GEH. DA. HIN. JETZT! Wie eine Neonreklame blinkt es in ihrem Hirn. Sie rückt den Sessel nach hinten, drückt sich von dem dunkelbraunen Holztisch ab und ist mit drei Schritten an der Garderobe. Die Hand fühlt sich warm und vertraut an wie die ihrer besten Freundin. Der Mantelarm schnellt nach oben, zieht sie mit. Höher und höher, bald kann sie die schwarz-weißen Fliesen nicht mehr erkennen.

Ein letzter Donut-Looping in ihrem Magen, Landeanflug auf allen vieren. Eine Handbreit unter ihrer Nasenspitze der schwarze Marmorboden. Sarah dankt ihren Reflexen und bewegt vorsichtig Arme und

JOHNA, © Haus im Wald

Beine. Noch alles dran! Sie tastet nach dem Treppengeländer, zieht sich hoch, hofft, dass ihre Pudding-Beine mitspielen. Wow! Sie ist nicht in den Highlands, sondern in einem modernen Wohnhaus gelandet. Wohnt sie hier? Sie rappelt sich auf, wühlt in ihrer Handtasche. Geld, Pass, alles noch da. Auch der Schlüsselbund. An dem ein nagelneues Exemplar blinkt. Eine Etage höher. Linke Tür. Sie weiß es einfach. Sarah zuckt mit den Achseln. Seit der Luftnummer mit der Hand hat sie beschlossen, keine Fragen mehr zu stellen, sondern einfach zu schauen, was passiert.

Der Schlüssel gleitet mühelos ins Schloss. Der Flur ist doppelt so groß wie in ihrer alten Wohnung. Schöne Kommode. Sie stoppt am Spiegel. Gesicht wie immer, etwas blass um die Nase vielleicht. Der Dutt hat sich in seine Bestandteile aufgelöst. Hä, sind die Haare echt länger geworden? Die Holzdielen knarzen leise. Nächste Tür. Wohnzimmer. Der Glastisch mit den vier weißen Designerstühlen und der Pendelleuchte scheint auf Besuch zu warten. Licht flutet den Raum, Sarah geht zu der riesigen Fensterfront, schiebt die Tür auf und tritt auf den Balkon. Sie streift den Norwegerpullover ab, das T-Shirt reicht völlig. Auf der Straße unter ihr kriechen die Autos im Schritttempo. Montag, 17 Uhr, verkündet das Smartphone. Ihr Magen gibt langsam Ruhe, die Zunge ist ein ausgetrockneter Schwamm. Wasser! Mal sehen, wo die Küche ist. Mist, wieso muss ausgerechnet jetzt das Handy klingeln? Sarah nimmt die Hand von der Klinke und greift in die Hosentasche. Unbekannte Nummer. Normalerweise geht sie da nicht daran. Aber vielleicht ist es der Spaßvogel, der hinter dem Ganzen steckt. Auf die Erklärung ist sie gespannt.

»Sarah Johnson, hallo?«

»Schön, dass du endlich dran gehst!«, raunzt es aus dem Hörer.

»Entschuldigung – wer?«

»Willst du mich verarschen, oder hattest du mal wieder einen Gin Tonic zu viel?«

»Sorry, ich weiß wirklich nicht ...«, setzt sie an.

»Ich bin's Tom. Dein Noch-Chef. Und ich brauche diesen verdammten Entwurf für die Autoanzeige. Du hast am Freitag versprochen, bis heute zu liefern. Sarah, der Pitch stand in der Zeitung. Aufmacher im Wirtschaftsteil. Wenn du nicht morgen um acht mit einer brillanten Grafik bei mir im Büro stehst, brauchst du nicht mehr zu kommen.«

Sarah starrt auf das Smartphone.

Schönen Tag, Tom-wer-auch-immer.

Die Küche liegt gegenüber dem Wohnzimmer. Sarah geht zur Spüle, stürzt ein Glas Wasser herunter. Die blitzblanken Schränke würde sie später inspizieren. Jetzt will sie wissen, was dieser Anruf zu bedeuten hatte. Anscheinend ist sie nicht mehr Bibliothekarin, sondern Grafikerin. Interessant. Dieser Tom hat was von einem Pitch erzählt, das ist wohl eine Art Wettbewerb, an dem sie teilnimmt. Es gab dazu was in der Zeitung, hat er gesagt. Zeit, mal nachzuforschen. Auf dem Glastisch im Wohnzimmer hat ein Laptop gestanden.

Sie tippt ihren Namen in die Suchmaschine, drückt die Enter-Taste. Zwanzig Minuten später weiß Sarah, dass sie als Grafikerin in einer renommierten Agentur ihr Geld für dieses Loft verdient. Ihr fällt ein, dass sie vor Urzeiten in der Schule mal Mangas gezeichnet hat. Das wird sie heute wohl kaum retten. Sie zieht die Stirn kraus. Erstmal durchatmen. Der Balkon ist der Hammer. Sie hält sich an der Brüstung fest, hinter der die Sonne langsam abtaucht. Auf dem Balkon gegenüber steht ein Mann. Er winkt ihr zu. Seine roten Locken glühen. Sarah starrt hinüber, die Silhouette verblasst, ist im nächsten Augenblick ausradiert. Die feinen Härchen auf ihren Armen stellen sich auf. Die Temperatur ist um fünfzehn Grad gesunken. Ein Wirbel zieht Sarah hinauf. Diesmal ist sie vorbereitet, geht in die Hocke, beugt den Kopf nach vorn und bedeckt die Ohren mit den Händen.

Sarah strich über die weiche Armlehne, rieb sich die Augen. Jenny lief mit wippendem Pferdeschwanz von Tisch zu Tisch. Die 15-Uhr-Nachrichten waren gerade zu Ende, der Radiomoderator kündigte das Beste der 80er an. Sarahs Gedankenkarussell drehte sich munter, da tippte ihr jemand auf die Schulter.

»Hi, nicht erschrecken. Ist hier noch frei?«

»Klar, äh …«

»Cool. Ach ja, Finn.« Er streckte ihr die Hand hin.

»Hi Finn, ich bin Sarah.«

›Netter Typ. Aber warum hatte der bei der Schweinekälte nur ein T-Shirt an?‹

Andreas Miller

Nur die kosmische Adresse

Vor dem Aufgang zur Bühne starrt er für einen Moment nach oben. Die Decke des *Topos* ist vollgekleistert mit braunvergilbten Plakaten. Kaum mehr leserlich wirbt eins für ihn. Die E-Gitarre mit dem grau-grünen, verblassten Finish und dem Schriftzug *Gibson Les Paul* hängt Greg wie ein Basaltbrocken um Schulter und Hals. Beim Betreten der Bühnenbretter versucht er, durch den leicht geöffneten Mund mit den bläulichen Lippen tief Luft einzuatmen.

Das winzige, von schweren, schwarzen Vorhängen umsäumte Podium der Wiesdorfer Künstlerkneipe hat Greg eine gefühlte Ewigkeit nicht mehr betreten. Seine chronisch entzündete Lunge ist ihm vor über zehn Jahren dazwischengegrätscht.

»Zu viel Tabakqualm!« Sein Hausarzt, unmissverständlich.

Dabei hat Greg keinen einzigen Tag gepafft. Aber seit den Siebzigern war er fast jedes Wochenende mit wechselnden Bands in engen, verrauchten und verkifften Bars und Kneipen in Opladen, Wiesdorf, Manfort und den Dörfern im bergischen Hinterland aufgetreten. Seine Blues- und Rockballaden hat er ihm mit Reibeisen-Stimme entgegen-geröhrt. Dem versoffenen Publikum im Halbdunkeln.

Die Musikgruppen hat er in den langsam dahinziehenden Jahrzehnten gewechselt. Nur die verkratzte *Gibson*, von der der Lack abblättert, ist dieselbe geblieben. Schließlich hat ihm die Atemnot mehr und mehr zu schaffen gemacht. Die E-Gitarre aus Mahagoni und Ahorn, im Werk Nashville, Tennessee, sorgsam ausgewählt und erworben, hat er an den sprichwörtlichen Nagel in der kleinen Wohnstube hängen müssen. Irgendwann, Ende der Nullerjahre, ist sie, sorgsam verpackt, endgültig auf dem Speicher gelandet.

»Pass auf, wo du deine Klamotten hinwirfst!«, raunt ihm einer der Musiker, die ihm ganz und gar unbekannt sind, zu.

Die achtlos aufeinander geschmissenen Instrumententaschen und -koffer bilden ein Chaos auf der gewundenen Sitzlandschaft rechts vom Bühneneingang. Der Alte hinter der Theke hatte sie damals selbst entworfen, aus Polyester und Glasfaser geformt und schließlich Schicht für Schicht miteinander verklebt.

»Wenn du mitjammen willst, musst du dich bei dem mit der Schiebermütze und dem Spitzbart melden!«, verweist ihn ein anderer und zeigt in Richtung voll besetzter Theke. »Bei dem kannst du dich auch dafür bedanken«, ergänzt er und zieht eine ehrfürchtige Miene. »Hat die Blues-Jam-Session von Köln in das musikverrückte Leverkusen gebracht.«

Mit Bedacht hat es Greg in den langen, einsamen Nächten geplant. Die *BLUE Thursday Blues Night* Session, die jeden ersten Donnerstag im Monat im *Topos* stattfindet, soll ihm und seiner *Les Paul* aus den Siebzigern noch einmal eine Bühne geben.

»Geiles Gitarrensolo. Das hat man dir bestimmt nicht in die Wiege gelegt«, hat ihn damals einer aus dem Publikum nach einem Auftritt bewundernd gefragt.

»Alles selbst beigebracht«, hat er gebrummt. »Keine Kohle. Bin Geselle für Elektrotechnik bei 'nem kleinen Betrieb in Quettingen.«

Als die Stromanlagenfirma in den Neunzigern Pleite machte, geriet Greg an die Jobagentur.

»Die Gelegenheit ist günstig. Sie bringen alle Voraussetzungen für einen Gründungszuschuss mit. Machen Sie sich selbstständig.«

Gregs Ein-Euro-GmbH klappte lange Zeit gut, bis die Internetplattformen mit den Handwerkerportalen aufkamen. Danach ging das Ein-Mann-Geschäft stetig bergab, hat er bei einem Bier den alten Kollegen aus seiner Gesellenzeit mit Wehmut erzählt. »Musste den Laden am Ende aufgeben.«

»Du spielst im dritten Set«, sagt der mit dem Spitzbart und der Schiebermütze.

»Die anderen von deiner Session sitzen rechts vom Eisbären.« Er zeigt mit dem Finger auf die etwas abseits gelegene Ecke.

Greg sieht die mannsgroße Figur aus Papiermaché und schüttelt den Kopf.

»Was soll das mit dem Schild um den Hals ›Das ist mein Sitzplatz‹?«

»Keine Ahnung!« Die Schiebermütze zuckt mit den Schultern.

Stefan von Hatten im Topos. © *privat*

Eine feste Anstellung in einem Betrieb hat Greg nicht mehr gefunden. Nur vorübergehende Jobs. Dann haben die Atembeschwerden begonnen und von Monat zu Monat zugenommen. Immer öfter ging ihm die Luft aus, wenn er anstrengende Arbeiten auf dem Bau verrichten musste. Die Pausen, die er regelmäßig einlegte, fielen dem

Handwerkertrupp bald auf. Eine Kur im Lungensanatorium, von seinem Pneumologen verschrieben, brachte auch keine Besserung, und so wurde ihm in einem sozialmedizinischen Gutachten bescheinigt, dass er aus gesundheitlichen Gründen keine Erwerbstätigkeit mehr ausüben konnte.

Nachdem die erste bunt zusammengestellte Band ihre Rock- und Soulstücke unter mäßigem Beifall gespielt hat, macht sich die zweite Gruppe vor dem engen Durchgang bereit, auf die Bühne zu treten.

Zum Inventar des Musikclubs gehören ein verkratztes Schlagzeug, die beiden namenlosen Gitarren- und Bassverstärker und ein von heftigen Gebrauchsspuren gezeichnetes Gesangsmikrofon. Es genügt, wenn man für den Jam-Auftritt sein Musikinstrument mitbringt, aber Greg hat neben der Gibson mit der gewölbten Ahornholzdecke auch seinen alten *Marshall*-Röhrenverstärker mit dem silberfarbenen Vinyl und den verchromten Schaltflächen dabei.

»Wegen des Sounds«, sagt er zu dem mit dem ergrauten Zopf. An einem alten Mischpult links vom Eingang versucht der Tontechniker, so gut wie es geht, die Bands auszusteuern.

Greg ist Zeit seines Lebens unverheiratet geblieben.

»Hat nicht sollen sein«, antwortet er verlegen, wenn er darauf angesprochen wird.

Die Groupies haben die anderen aus der Band unter sich aufgeteilt. Er ist mit den Frauen einfach nicht klargekommen. Die haben nie verstanden, um was es ihm in der Musik ging, dass er lieber in seiner Werkstatt im Keller an dem Amp bastelte, um den perfekten Sound zu finden, als mit ihnen im Kino und anschließend auf dem schmalen Klappbett oder einfach seine Zeit zu vertun.

Die Stärken und Schwächen des alten Marshall-Röhrenverstärkers, dessen dunkelgrau gemusterte Verkleidung verblichen und an manchen Stellen abgeschabt ist, kennt Greg nur zu genau. Aber er liebt seinen Amp aus den *Glory Seventies*.

»Der hat noch Charakter«, nickt er dem Tontechniker zu. Stolz klingt aus seiner Stimme. Das Pedalboard, mit dem er die Overdrive-, Vibrato- und Fuzz-Spezialeffekte mit dem Fuß ein und ausschalten kann, hat er sich aus gebrauchten Bodentreter-Teilen selbst zusammengestellt.

»Kann ich mich drauf verlassen«, fügt er wie beiläufig hinzu.

Mit seiner Frühinvalidenrente ist er vorn und hinten nicht zurechtgekommen, aber aus Selbstachtung hat er keine Sozialhilfe in Anspruch nehmen wollen. Ab und zu ist er für die Nachbarn in die alte Arbeitskluft gestiegen, um Freundschaftsdienste zu erledigen, die ihm ein paar Euro steuerfrei eingebracht haben. Aber die kleinen Nebenjobs sind immer unübersichtlicher geworden. Bald hat er als unzuverlässig gegolten, da seine Atemnot heftiger geworden und er oft zur verabredeten Arbeit nicht erschienen ist.

»Was wird im Set gespielt?«, fragt einen Hauch lässig der Schlagzeuger, der neben dem Papiermaché-Eisbären sitzt und dem Kunstwerk mit seinen Drumsticks umständlich den roten Schal zurechtrückt.

»Wir fangen mit *Beware of Darkness* an, es folgt *I can't stand it* und wir enden mit *Knockin' on Heaven's door*«, prescht Greg vor.

»*Glory Seventies*?«, stöhnt der Bassist mit dem *Buzz-Cut*-Haarschnitt und mustert ihn von oben bis unten, aber ein Blick von Greg lässt ihn verstummen.

Als er das letzte Mal zur medizinischen Untersuchung gekommen ist, hat ihm der Arzt vorausgesagt, dass er bald eine Sauerstoffflasche bei sich tragen müsse.

»Für den Notfall. Kann urplötzlich eintreten. Auf ein Wunder brauchst du nicht mehr zu hoffen.«

Dann hat er Greg beim Verlassen der Praxis mit einem Kopfschütteln verabschiedet: »It's not Rock 'n' Roll.«

Die zweite Band kommt zum Ende ihres Spiels. Das Publikum gerät allmählich in Schwung, und der Alte will die Musiker nicht ohne Zugabe von der Bühne lassen. Mit sonorem Bass, den man dem Mann mit der kleinen Statur nicht zutrauen würde, animiert er das Publikum, eine Zugabe einzufordern, und die Leute folgen ihm, wie immer im *Topos*. Auch das hat den Künstlerclub rechts von Rhein über die Landesgrenze hinaus legendär gemacht.

Es hatte etwas gedauert, bis die über das Internet bestellten Ersatzteile eintrafen. Dann hat sich Greg über den verstaubten *Marshall*-Verstärker und das Pedalboard hergemacht, alles gründlich gesäubert, das Relais und die neuen Röhren eingebaut und vermessen, die Verkleidungen über die überarbeitete Elektrik gestülpt und den Sound, der sein Gitarrenspiel so unverwechselbar macht, wieder und wieder geprüft, bis er zufrieden genickt hat.

Der Schlagzeuger der zusammengewürfelten Band schlägt die Drumsticks im Rhythmus aufeinander, um das Tempo des ersten Stücks einzuzählen. *Beware of Darkness* ist einer von Gregs Lieblingssongs, und er beginnt mit bewegter Stimme zu singen: »Watch out now, take care. Beware of the thoughts that linger.« Im gelblich schwachen Licht des schweißgeschwängerten *Topos* wird das Publikum schlagartig still.

Am späten Nachmittag hat er die *Gibson Les Paul* und das Equipment zusammengepackt und zwischen zwei eingelegten Pausen zu dem verrosteten Kastenwagen geschleppt. Von der kleinen Zweizimmer-Wohnung ganz in der Nähe des Amtsgerichts ist er, der nostalgischen Stimmung folgend, an den alten Musikkneipen vorbeigefahren, in denen er vor Urzeiten aufgetreten ist, dem *Pentagon*, der *Witwe Kaiser* und dem *Lindenhof.* Dämmrig ist es, als er in der Nähe des *Topos* beim städtischen Bauamt einen Parkplatz findet.

Beim Refrain des zweiten Songs »I can't stand it«, wird Gregs Kehle trocken, und die Stimme beginnt zu bröckeln.

»Helles?« Einer aus dem Publikum reicht ihm ein Glas Kölsch auf die Bühne, und Gregs Stimme fängt sich wieder.

»Es ändert sich nur die kosmische Adresse«, hat er im *Mélody Maker* gelesen, als die Krautrockgruppe *Tangerine Dream* über den Tod philosophierte. Der Ausspruch hat Greg wie ein Blitz getroffen und ihm die Angst vor dem unausweichlichen Ende genommen.

Die verkratzte *Gibson* mit dem abblätternden Lack stimmt die ersten Akkorde von *Knockin' on Heaven's door* an, der Drummer und der Bassist setzen nach dem Intro ein, und die Band und das Publikum summen zur Melodie. Dann röhrt Greg los.

»It's gettin' dark, too dark to see, I feel like I'm knocking on heaven's door.«

Ein paar Leute aus dem Publikum zünden Feuerzeuge an und schwenken die kleinen Fackeln im Rhythmus hin und her. Ein Urgestein wie Greg findet sich nicht jedes Mal zur offenen Jamsession ein. Nach der zweiten Strophe beginnt er mit dem Gitarrensolo und schaltet den Crunchy-Sound mit dem Fuß dazu. Kurz vor dem Ende des Solos hört ihn die erste Publikumsreihe auf den geschwungenen, harten Polyesterbänken vor sich hin brabbeln.

»Nur die kosmische Adresse! Nur die kosmische Adresse!«

Dann tritt Greg beherzt ein zweites Mal auf den Fußschalter, und ein Relais des Marshall-Röhrenverstärkers wird scharfgestellt. Er blickt ein letztes Mal ins Publikum, sieht ein älteres Pärchen, das eng umschlungen hinter einem runden Tischchen sitzt, schaut nach oben auf die braunvergilbten Plakate, die an die Decke gekleistert sind und von seiner glorreichen Zeit erzählen, dann schlägt er mit dem Plektrum auf die Saiten der kostbaren *Gibson* aus Mahagoni und Ahorn.

Er bricht zusammen, als die 480 Volt durch seinen Körper jagen und das Herz und die Lungen kollabieren. Unmittelbar danach springt die Sicherung aus dem alten Röhrenverstärker, aus dem er in seiner häuslichen Werkstatt die Erdung entfernt hat.

Man bringt Greg mit dem Leichenwagen zur Gerichtsmedizin. Der Fall ist eindeutig.

Das *Topos* öffnet nach ein paar Tagen wieder. Hinter dem Tresen trägt man eine Zeitlang Trauerflor. Die *BLUE Thursday Blues Night* Session wird von dem mit dem Spitzbart und der Schiebermütze für einige Monate ausgesetzt. Die braunvergilbten Plakate, die von Greg erzählen, kleben weiterhin an der Decke, als sei nichts passiert. Nur die kosmische Adresse hat sich geändert.

Heinke Stulz

L'Arte del Mondo

Ich bin ihr näher, wenn ich sie spielen höre, als wenn wir im Bett nebeneinander liegen. Das mag wohl mancher nicht verstehen, aber es ist wahr. Wenn sie Geige spielt, dann ist sie ganz offen, nur darauf bedacht, die Melodien, Punkte auf Papier, zum Leben zu erwecken, wie ein Puppenspieler, der im Dunkeln verschwindet. Sich selbst vergisst sie dabei. Niemals habe ich jemanden so unverhüllt in seiner Angst und in irrsinniger Freude gesehen.

Sie spielt heute in einem Ensemble, das sich die historische Aufführungspraxis der Alten Musik auf die Fahne geschrieben hat, *L'Arte del Mondo*. Später aller Musik eigentlich. Aber unsere Liebe begann mit der Alten Musik, mit der Renaissance der Alten Musik.

Damals war ich mit einer anderen Frau zusammen, auch Musikerin, Flötistin. Seltsam, da ich doch kein Instrument spiele, ich bin Tontechniker. Clara begleitete ich auch immer auf ihren Konzerten. Sie war beim WDR-Sinfonieorchester die zweite Querflöte. Das Repertoire vom Barock bis zur Moderne, einfach alles. Zur Moderne hatten sie damals die größte Affinität, da konnte es wirklich leidenschaftlich werden, der Mahler und der Rachmaninow gelangen ihnen ganz besonders gut. Dafür entfachte das Orchester gewaltige Stürme, und die Flöte, die wie eine silberne Taube das Gewitter zu Ende brachte, die hielt Clara in den Händen. Barock mieden sie eher, denn ihr Dirigent war der Ansicht, dass man in der Alten Musik die Noten mit dem Rhythmus einer Nähmaschine zu spielen hatte.

Clara war eine typische Querflöte, langgliedrig, zerbrechlich und migräneanfällig. Sie liebte die Ordnung, das Immergleiche, Rituale und Wiederholung. Sie genoss die Routinen eines großen Orchesters, das Repertoire, das sich über die Jahre kaum veränderte. Über den Wogen des großen Orchesters ließ sie ihre zarte Querflötenstimme wie einen leuchtenden Regenbogen erklingen. Hoffnung, Lachen, Jubel, das war ihr Metier. Sie stand jeden Morgen um die gleiche Uhrzeit auf, schlüpfte immer in dieselben zierlichen hellblauen Hauspantöffelchen mit Puscheln und trank ihren Cappuccino. Ich konnte meine Uhr nach ihr stellen und liebte sie dafür.

Sie war ein luftiges Geschöpf, für die zarten Farben und Freuden des Lebens gemacht, nicht für die starken, und nicht zum Ertragen von Unglück geschaffen. Deswegen war unser Liebesleben eher von der klassischen Sorte, keine Überraschungen, keine Ausbrüche, und nach Terminplan, wie es die Proben erlaubten. Passierte etwas Unerwartetes, das sie nicht einordnen konnte in ihren Lebensplan, machte sie ein erstauntes Kindergesicht und hatte sich nach fünf Minuten wieder gefangen, indem sie das Unerwartete mit einem Lächeln ignorierte und anschließend vergaß. Zahnarzttermine, Besuche bei meiner Mutter oder Begräbnisse. Ich konnte damit leben, denn ich bin auf der dunklen Seite des Lebens auch zuhause. Sie war eine Lichtgestalt. Dass die Dunkelheit an ihr fraß, konnte sie nicht zulassen.

Ricarda lernte ich eines Abends in einer Jazzbar kennen. Mai 2000. Ich saß hinter ihr und konnte über die hochgesteckten dunklen Strähnen den Mann am Klavier nicht sehen, also versuchte ich mich nach links zu beugen, dann wieder nach rechts, je nachdem, mit wem sie gerade fröhliche Bemerkungen austauschte. Irgendwann warf sie ihren Kopf mit einem wilden Gelächter nach hinten und prallte mit einem Knall an meine Stirn. Als sie sich empört umdrehte, sah ich ihr zum ersten Mal in das Gesicht mit den verschatteten Augen. Ihr aufregendes Gesicht. Da wusste ich, dass ich ihr dankbar dafür sein musste, dass sie ihren Kopf gegen meinen gestoßen hatte. Es gelang mir, ihr einen portugiesischen Rotwein zu besorgen, den sie mit einem aufblitzenden Lächeln der Anerkennung annahm. Natürlich hatte ich als Tonmeister ihren Akzent erkannt. Wir ließen unsere Gläser zusammenklingen.

Es würde mir nie gelingen, ihr Gesicht zu beschreiben. Jedes Mal, das ich sie anblicke, sieht es wieder anders aus. Auch ihre Augenfarbe wechselt nach Tageslicht und Stimmung zwischen braun, schwarz und dunklem Oliv. Ich weiß nie recht, wen ich da gerade vor mir habe. Aber wenn sie spielt, dann weiß ich, wer sie ist.

Ich wohnte mit Clara in Köln, in einer hellen Loftwohnung in Lindental, am Stadtwald. Silberne Spiegel, hellgelbe Wände, viel Weiß. Obwohl ich nicht einmal wusste, in welchen Verhältnissen Ricarda lebte, und noch nicht einmal gehört hatte, wie sie ihre Geige spielte, wusste ich: Nach Ricarda konnte ich nicht einfach zu Clara zurückkehren. Ich ging nur in die Wohnung zurück, weil sie nicht da war.

Beim Abschied hatte Ricarda angekündigt, dass sie am Wochenende keine Zeit hätte, sie würde spielen. Als ich sie fragte, wo das Konzert denn stattfände, zwinkerte sie fröhlich und meinte schnippisch: »Das findest du schon.« Damit wandte sie sich ab und ergriff ihr gelbes Wolltuch und die Umhängetasche mit den Fransen, um zu gehen. Aber sie drehte sich noch einmal um und schaute mich an, als ob sie etwas sagen wollte. Dann war sie durch die Tür. Dieser dunkle Blick brannte in mir die ganze Nacht.

Es fiel mir nicht leicht, Ort und Termin zu finden, obwohl ich wusste, wie sie hieß. Am Ende sprang mich in der Musikhochschule ein Plakat an, mit ihrem Namen in Blau: ein Benefiz-Konzert, zugunsten eines Flüchtlingswerkes. *Concerto Köln*, ein Zusammenschluss von Musikstudenten. Als ich ankam, hörte ich ein fremdes Stimmengewirr, ungewohnte Gesichter. Studenten. Ich erstand eine Karte an der Abendkasse und setzte mich, fiebrig vor Leidenschaft. Sie trat auf in einem leichten, gelben Seidenkleid, bodenlang, schwingend. Darüber strahlte ihr Gesicht und nahm den Saal in Besitz.

Sie spielte das sechste Violinkonzert von Vivaldi aus *L'Estro Armonico*, immer wieder eine Freude für Ohrenmenschen wie mich. Aber das war wie im Film nur Begleitmusik für ihr Erscheinen. Ich hätte in meiner Liebesglut schwören können, dass sie eine Aura aus Licht um sich hatte.

Das Ensemble für alte Musik. © *L'Arte del Mondo*

Sie hob die Arme, schaute über das glänzende Holz des historischen Instruments auf das Concerto Köln und setzte bald nach dem Tutti ein. Ich kannte das Konzert gut, oft habe ich es im Tonstudio aufgenommen, aber so – hatte ich es noch nie gehört. Die Melodien flossen aus ihren Armen, sie atmeten mit ihr und schwebten um sie herum wie leuchtende Bänder. Es hörte sich an, als erzählte sie Geschichten aus ihrem eigenen Leben.

Ihre Art zu spielen war wie Jazz, spannend und unberechenbar. Nicht nur die kostbare Geige in ihren Händen diente ihr als Sprachrohr, auch die Orchester-Mitglieder und sogar die Musik selbst trugen ihre Artikulation weiter. Auf der Berg- und Talbahn der Gefühle zusammengefasst tanzten die Töne, jubelten hell und glänzend, wurden wieder stumm, litten leise und süß, um dann wieder aufzubrausen. Und mitten in diesem Strudel sie – mit den magischen Armen, im Auge des mächtigen Orkans, den sie entfesselte. Was für eine Frau! Was für eine Geigerin! Was für eine Lebenslust! Und das war Vivaldi? Mit einem gewaltigen Akku und sehr modern, als sei er erst gestern gestorben.

Nach dem Konzert stand sie verschwitzt mit ausgehangenen, hochgesteckten Locken im Forum und war von zu vielen Leuten umringt. Ich winkte ihr aus der Ferne zu, wollte mich schon wegdrehen, da nahm ich gerade noch aus den Augenwinkeln wahr, wie sie mit ihrem Mund die Buchstaben F und B formte. Es sah aus wie ein Kuss.

Mit der Straßenbahn fuhr ich zurück in unsere Wohnung in Lindenthal. Ich war berauscht von der Musik, von ihrem Spiel und von ihren Lippen, die sich überall in der Luft spiegelten. Ich konnte immer noch keinen klaren Gedanken fassen, außer dass ich sie wiedersehen musste. Meine kühle Clara wusste das sehr gut und hielt sich digital zurück. Ich hatte ihr gesagt, dass ich eine Frau kennengelernt hatte. Kein Drama, keine Klagen, keine Fragen. Sie war unterwegs und spielte Querflöte, luftig, immer in den oberen Regionen, souverän über dem Geschehen, gerade in München. Ich bekam von ihr Grüße, Fotos, aber sie rief nicht an. Ich sah ihr feines, silbernes Lächeln vor mir, wie eine Arabeske. Sie schützte sich.

Am nächsten Morgen schickte ich Ricarda einen Strauß Rosen in ihre Wohnung, persisch gelb mit roten Rändern. Und mit meinem Namen. Jetzt sollte sie mich finden. Sie schickte mir ein paar Stunden später auf Facebook eine Nachricht: »Heute Abend italienisch?«

In dem Restaurant, in dem wir uns verabredet hatten, saßen wir angespannt über der gemeinsamen *Ensalata Caprese*. Als unsere ungeduldigen Hände sich über unser Verlangen verständigt hatten, gingen wir zu ihr. Es war vielleicht die längste Nacht meines Lebens. Persisch gelb mit roten Rändern. Dunkelrot und Messing. Es roch nach Zimt und Weihrauch. Ich überließ ihr die Führung, und es war wie in dem Konzert. Wendungen, an die ich nie gedacht hätte, Überraschungen, die mir nicht immer lieb waren, aber sie dirigierte. Leidenschaft, die schnell und drohend aufloderte und dann langsam in der Dunkelheit weiterglühte, bis sie sich wieder entfachte. Ihre? Meine? Ich weiß es nicht mehr. Damit ist alles gesagt. Und damit hatte sie mich betört. Durch eine goldglänzende nächtliche Hölle mit ihr zu jagen, etwas Schöneres konnte ich mir nicht mehr vorstellen.

Am nächsten Morgen wachte ich vor ihr auf, duschte und versuchte, mich mit der unbekannten Kaffeemaschine anzufreunden. Es war wohl der Duft der aufgebrühten Bohnen, der sie weckte. Sie kam zum Tisch in einem fleckigen, maisgelben chinesischen Morgenmantel, natürlich bestickt mit Singvögeln. Und suchte genau wie ich nach Worten.

»Wir haben gar nicht über das Konzert gesprochen, Geigerin«, begrüßte ich sie und küsste sie vorsichtig aufs Ohr.

»Gestern standen andere Dinge auf dem Programm!« Sie lachte, den Kopf im Nacken, was eine Gewohnheit von ihr war, wie ich später feststellen konnte. Die Gewohnheit, die uns zusammengebracht hatte. Sie setzte sich vor der Kaffeetasse nieder.

»Ich habe den Vivaldi noch nie so gehört.« Klang trivial, aber etwas Besseres fiel mir nicht ein.

Sie nahm einen Schluck. »Danke für den Kaffee. Er ist gut.« Sie setzte die Tasse ab.

»Ja, weißt du«, antwortete sie gedehnt und schaute mich an: »Wir sind Pioniere, niemand macht das so wie wir … Aber ich glaube fest daran, dass Vivaldi auch so gespielt hätte. Er war ein Virtuose, ein Vollblutmusiker und kein Maschinenmeister.«

»Ob er seine Musik bei dir wiedererkennen würde?«

»Vielleicht nicht.« Ihre dunklen Augen sahen mich herausfordernd an.

»Und, kein schlechtes Gewissen?« Ich setzte mich zu ihr an den Tisch.

Sie musterte ihre Kaffeetasse. »Er hätte es mit jeder anderen Musik auch so gemacht, er hätte sie zu seiner Musik gemacht. Dafür ist Musik da.« Sie nahm mich wieder in den Blick.

»Sonst wird Barockmusik sehr ruhig und notentreu gespielt.« Ich schaute sie an mit ihren langen Locken und den zarten Handgelenken und wartete gespannt auf ihre Reaktion.

»Notentreu?« Sie warf wieder den Kopf in den Nacken und lachte laut auf. »Es stehen ja nur die Hauptnoten auf der Partitur, hingeworfen, und nicht mal die alle. Notentreu!«, wiederholte sie das Wort mit Verachtung und schaute mich zornig an.

»Und da nimmst du dir Freiheiten?« Wir begannen, unsere Beziehung zu gestalten, da durfte Ehrlichkeit nicht fehlen.

Sie zog die Brauen hoch »Die gibt es. Die nehme ich mir nicht. Da steht kein Forte, kein Piano, keine Verzierung, kein Staccato, das haben die Musiker früher aus eigenem Antrieb hinzugefügt, und das darf ich auch.«

»Aber du spielst die Noten ganz anders, als sie notiert sind.«

»Oh, Tonmeister, hast du das gemerkt?« Sie lächelte geschmeichelt und warf mir einen liebevollen Blick zu.

»Ja, Geigerin, das war nicht zu überhören!«

Sie versuchte, mich mit ihren unergründlichen Augen zu bezwingen:

»Wenn du drei gleiche Noten nebeneinanderstehen siehst, heißt das nie, dass du sie auch gleich spielen sollst.«

»Dann ist es wie Jazz?« Endlich mal eine kluge Bemerkung von mir.

Sie war es zufrieden. »Ja, wie Jazz. Wir sind frei, wenn wir Alte Musik spielen, das wussten bisher nur die allerwenigsten.«

»Es gibt doch Zeugnisse aus der Zeit.« Da waren einige, die mir einfielen.

Sie hielt dagegen: »Wenn man die alten Traktate liest, gibt es so viele Widersprüche und Ungereimtheiten. Man muss annehmen: Die Virtuosen haben sich sehr frei gefühlt.« Ihre Augen wollten wissen, ob ich das so akzeptieren konnte.

»Solange du eine Solostimme spielst«, gab ich trocken zurück.

»Ach nein, die Orchester waren klein.«

»Da war jeder ein Solist, meinst du?«

»Im Barockorchester ist jeder Solist, wir haben keinen Dirigenten.« Ihr Blick war voller Stolz.

»Ja, in den großen Orchestern später hört diese Freiheit auf.«

»Oh ja, da ist jeder Triller, jedes Tempo und jeder Notenwert genau festgelegt.« Mitleid verdunkelte ihren Blick ins Schwarze. Sie schaute versonnen in die Ferne, in irgendeine Vergangenheit: »Erinnerst du dich an die Zeit in der 60er Jahren, als alle glaubten, in der Barockmusik muss jeder Ton gleich lang und gleich laut sein.«

»Und die Lautstärke durfte nur alle drei oder vier Takte wechseln, wie bei einer Spieldose.« Ich dachte an den Dirigenten in Claras Orchester. In der Zeit war er groß geworden und nie über sie hinausgewachsen.

Sie schüttelte den Kopf. »Kein Mensch will sich so etwas anhören. Diese Barockmusik siehst du auf keinem Spielplan mehr.«

»Aber eure Alte Musik schon … Das Konzert in der Musikhochschule war ausverkauft.«

Über ihr Gesicht zog ein blitzendes Sieger-Lächeln »Es gab wahnsinnigen Applaus gestern.«

»Ja, *standing ovations* über zehn Minuten.«

»Und die Füße, der Lärm!« Von der Erinnerung elektrisiert sprang sie auf und stellte die leere Tasse auf den Tisch: »So, ich werde jetzt üben, eine ganze Weile, du kannst gerne bleiben. Aber sei leise, ja?«

Mit diesen Worten wandte sie sich ab, nahm ihr Instrument mit sanftem Griff aus dem mattgelben, mit zerschlissenem Samt ausgelegten Kasten, suchte einen Stift und stellt das Tablet auf den Ständer. Es war das zweite Violinkonzert von Bach, das in E-Dur. Sie hatte mir im Restaurant erzählt, dass sie es auf einer Tournee in einem halben Jahr spielen würde.

Sie nahm vorsichtig die alte italienische Geige ans Kinn und stimmte sie, wie man auf ein kleines, eigenwilliges Mädchen einreden würde. Dann hob sie langsam den Bogen, den sie schon gespannt hatte. Mit dem ersten Ton, den sie strich, war ich ausgelöscht, das spürte ich. Ich lief unbeobachtet in ihrer Wohnung herum, die sich bei Tageslicht mit alten, dunklen Holzmöbeln und vielen goldenen Verzierungen zeigte, eher Flohmarkt als Antiquitätengeschäft. Da gab es ihr Innenleben zu besichtigen, aus Büchern, Drucken mit holländischen Meistern, prächtigen Kleidern und Tüchern und neuen Aufnahmen Alter Musik. Ich fand sogar die abgebrannten Räucherstäbchen von gestern Abend. Zimt und Weihrauch, wie ich schon sagte.

Sie spielte die Eingangsmelodie, wie ein Kind sie singen würde, ganz naiv. Immer wieder, bis ab und zu und immer häufiger eine andere Stimme sich hören ließ und hier einen Ton kürzer, dort eine Pause länger nahm, diesen Bogen anders sang. Ihre eigene Stimme erwachte, ich hörte sie. Wenn sie zufrieden war, nahm sie es mit dem Laptop auf, hörte es wieder ab. Am Ende des Nachmittags war das erste Thema geboren, ihre Version, ihre Schöpfung, ein Stück aus ihrem Tagebuch. Zum Schluss spielte sie es auswendig. Danach streckte sie sich, den Bogen in der Hand.

Ich applaudierte und legte das Buch über die »Musik als Klangrede«
zur Seite, das ich bei ihr mit vielen Lesezeichen auf einem kleinen
Tisch gefunden hatte. Sie drehte sich erschrocken um, vielleicht hatte
sie mich vergessen: »Was sagst du?«

»Sie gehört jetzt dir.«

»Es ist nur vorläufig«, murmelte sie unter Kopfschütteln und notierte
weiter. Ich nickte, stand auf und versuchte, da ich ja jetzt wieder exis-
tieren und Geräusche erzeugen durfte, in der mir unbekannten Küche
ein spätes Frühstück zuzubereiten.

»Du hast mich inspiriert«, sagte sie später und warf mir einen weichen
Blick zu, über der neugefüllten großen Kaffeetasse.

»Wirklich? So hast du aber auch in dem Konzert gespielt.«

»Ja.« Sie nickte. »Das versuche ich immer. Aber woher diese wahn-
sinnige Energie nehmen? Danach bin ich leer wie diese Tasse.«

»Da kam ich wohl gerade recht?«, warf ich ein und schenkte ihr
Kaffee ein.

»Sei nicht albern, wenn es nicht knistert und funkt, dann passiert
gar nichts. Und es hat geknistert und gefunkt.« Ihr Blick suchte die
gleiche Begeisterung in meinem.

»Hat es?« Ich wollte das Gespräch bei diesem angenehmen Thema halten.

»Ich könnte dir meine Interpretation widmen.« Sie reichte mir die
Butter.

»Du spielst unglaublich sauber«, versetzte ich verlegen.

Wieder nickte sie. »Das ist ein Kompliment, Tonmeister.« Mit einem
kleinen Lächeln fuhr sie fort: »Wir spielen anders, mit Darmsaiten. Die
Instrumente waren früher viel leiser und zarter im Klang, das bauen
wir nach. Hast du das vorgestern gehört, Tonmeister?«

»Habe ich, Geigerin, das war sehr neu für mich.«

»Und hast du den Drive gespürt? Den Rhythmus, die Energie, den
Esprit?«

»Ja, das hat gegrooved, die Leute hätten gerne getanzt, glaube ich.«

»Da war so viel Energie im Saal.« Sie streckte die Arme aus und schloss für einen Moment die Augen. »Stell dir vor, auch Wagner und Mahler würde man mit diesen alten Instrumenten spielen.«

»Das ist aber 19. Jahrhundert.«

»Weil die vor dem zweiten Weltkrieg lebten, vor der Polyesterfaser und dem Nylon. Die haben nicht für Stahlsaiten auf den Geigen geschrieben, auch nicht für die hochtechnischen Bläser von heute.«

Sie setzte die Tasse ab. »Da musst du dir einen ganz anderen Klangkörper vorstellen.« Dabei kniff sie die Augen zusammen, als ob sie ihn so besser hören könnte. »Diesen Klangraum kennen wir überhaupt nicht. Aber irgendwann, wenn wir die alten Instrumente wieder haben, werden wir so spielen. Das wird sein wie die Auferstehung der echten klassischen Musik mit Instrumenten von damals. Eine historische akustische Welt, die wir noch nie betreten haben.«

»So wie die Komponisten ihre Musik selbst gehört haben.« Ich strich mir einen zweiten Toast und versuchte, in ihre Begeisterung hineinzufinden.

»Wenn wir spielen, schmilzt der Abstand zu den vergangenen Jahrhunderten dahin wie Schnee.« Mit triumphalem Lächeln lehnte sie sich zurück, schob ein paar Strähnen hinter die Ohren und nahm endlich ihren Toast auf dem Teller wahr. Ein paar Bissen später nahm sie den Faden wieder auf: »Tja, dann bekommst du viel zu tun, Tonmeister, dann muss alles neu aufgenommen werden. Wir spielen schon jetzt die komplette Barockliteratur neu ein. Mit dem *Concerto Köln* und bald mit *L'Arte del Mondo* – Aber das ist noch ein Geheimnis.«

Sie stand auf, raffte den bestickten Morgenmantel zusammen und setzte die Tasse ab.

»Bleibst du?«, fragte sie beiläufig wie ein Kind und musterte mich aufmerksam.

»Wie?« Ich fühlte mich überrumpelt.

»Na ja, solange es eben dauert.« Sie zuckte mit den Schultern.

»Hier?«, fragte ich ungläubig.

»Warum nicht?« Sie beobachtete mich wie ein fremdes Wesen, das nicht verstehen wollte. »Du hast doch gesagt, dass in deiner Wohnung deine Freundin sitzt.«

»Und danach?«

»Wer will denn wissen, was danach ist!«, versetzte sie unwirsch »Wenn wir eine solche Nacht gehabt haben und noch mehr solche erleben können!« Sie wandte sich ab und zog ungeduldig den Gürtel ihres Morgenmantels fest. Als ich nichts erwiderte, kehrte ihr leuchtender Blick zu mir zurück.

»Was ist das für ein Leben, wenn du es nicht ausschöpfst und alles verschleuderst, was du dort findest!«

Sie war laut geworden dabei.

»Ja, in der Tat, was ist das für ein Leben, wenn du die Musik nicht ausschöpfst und verschleuderst, alles, was DU in IHR findest, Geigerin! Aber ich bin kein Musiker«, erwiderte ich trocken.

»Alles, was DU in DIR findest. Du lebst in der Musik, Tonmeister, genau wie ich«, versetzte sie, ernst und aufgebracht.

Ich dachte an Clara. Sie war eher der sparsame Typ. Und vielleicht hatte sie recht damit.

Doch ich konnte auf diese Musik und diese Nächte mit ihr nicht verzichten. Dieser irrwitzige Streifzug unserer Körper durch die Dunkelheit war das Intensivste, was mir in meinen 34 Jahren bisher begegnet war. Auch wenn ich Clara verlieren würde, so hell, so fröhlich, so verlässlich. So Paul Klee und türkis und ruhig. So Debussy und wasserhell.

Ricarda lebte im Moment. Auch ihr Spiel entstand im Moment. Nicht in dem, wenn sie in ihrer dunklen Pracht mit der italienischen Geige auf der Bühne stand. Sondern in einem anderen Moment, in dem sie allein war mit sich und die Musiknoten überredete, sich ihr zu öffnen wie Blumen. Ich liebte damals schon die Art, wie sie es tat.

Nichts war mit Ricarda auf die Ewigkeit gebaut, alles auf den Sand des Augenblicks. Sie suchte Inspirationen, um die alte Literatur frisch spielen zu können. Und um so dynamisch spielen zu können, dass sie das Publikum erreichte, musste sie mit großer Leidenschaft leben.

Aber ich wollte mich darauf einlassen. Auch wenn ich vielleicht am Ende nichts in den Händen hätte als ein paar CDs von ihr und berauschende Erinnerungen, die es mir für immer verleiden würden, ein ruhiges Leben zu führen. Ich hatte nun einmal keine Wahl. Ihr Spiel war betörend, ihre Nähe war es noch mehr.

Clara war immer noch auf Tournee. Also blieb ich bei Ricarda in ihrer Wohnung in der Altstadt. Ich blieb sogar dort, wenn sie übte. Ich wusste nicht einmal genau, ob ich mehr in ihr Spiel verliebt war oder in sie als Frau oder als Mensch. – Aber wer hätte das in dem Fall schon trennen können?

Ich sehe heute auch, was es sie kostet, es kostet sie jeden Moment ihres Tages. Sie denkt immer an die Noten, die sie gerade spielen will. Sie lebt mit ihnen, in ihnen, sie sind der Raum, in dem sie sich bewegt. Sie hört sie überall, im Geräusch der Straßenbahn, einer Stimme auf dem Gehweg. Manchmal sieht sie sogar die Melodiebögen, wenn sie durch die Straßen geht.

Wenn ich sie spielen höre, heute, in dem neuen *Orchester L'Arte del Mondo*, dann lebe ich in ihrem Spiel auf, höre die neuen Töne wie eine musikalische Offenbarung und verehre sie wie eine Hohepriesterin. So heftig und so gezügelt und geordnet in ihrer Heftigkeit. Hohe, sublime Kunst. Ich verstehe, was sie tut, und feiere es mit ihr zusammen.

Wir haben die schönsten Aufnahmen zusammen gestaltet, für die Ewigkeit, im Tonstudio. Die historische Aufführungspraxis verbindet uns stärker als goldene Ringe mit Widmungen es tun könnten, oder eine gemeinsame Hypothek. Diese neue Alte Musik ist unser Kind.

Dagmar Maria Toschka

Apfelschnitze mit Schokolade

Heute ist Zahltag, fahr zur Hölle!«, rief sein Gegenüber und zog einen Revolver aus der Manteltasche. Jetzt musste es schnell gehen. Er sprang mit aller Kraft zur Seite, hörte einen Schuss, landete im Dreck, rutschte über Steine, die seine Hände aufschürften, und blieb reglos liegen. Um ihn herum Staub.

Es dauerte einen Moment, bis er verstand, was passiert war.

Seine Stirn pochte. Alles tat ihm weh. Er fühlte sich wie erschossen. Es wurde still.

»Jan! Bist du o.k.? Verdammt, du blutest!«, rief Ronny der sich neben ihn hinkniete. »Sag doch was.«

Er schaute an Ronny vorbei in den Himmel, wolkenlos blau. Dann spuckte er kleine Steinchen aus und wischte sie von seinen Lippen ab. Sich zu bewegen, fiel ihm schwer.

»Kannst du aufstehen?«, fragte Ronny und klopfte ihm den Staub vom Jackett.

»Habt ihr wenigstens den Mörder?«

»Dann geht's dir nicht so scheiße, wie du aussiehst«, antwortete Ronny und rief nach einem Sanitäter. Jemand reichte ihm Wasser. Er nahm einen Schluck und versuchte, sich aufzurichten.

»Mensch, du hast uns einen ganz schönen Schreck eingejagt. Wir dachten schon, es hätte dich erwischt.«

»Ich auch.« Mit seinem Handrücken fuhr er sich über die Stirn. »Kann mal jemand das Blut wegmachen? Den Rest schaff ich schon allein.«

Er sah an sich herunter, seine Jeans, die Schuhe, alles voll hellem Sandstaub von dem Steinbruch, in dem sie sich befanden.

»Ruh dich aus, nimm dir 'nen Drink, dann wird es dir gleich besser gehen. Der Mörder ist gefasst, wir sind fertig, du hast jetzt frei. Wo bleibt denn der Sani? Das Blut hier ist echt!«

Jemand in orangefarbener Schutzkleidung kam mit einer großen Erste-Hilfe-Tasche und verarztete die Wunde an seiner Stirn.

Ronny brachte einen Kaffee. »Du bist eben ein Kommissar, der sich mit Haut und Haaren einsetzt.«

»Kannst du einfach mal die Klappe halten?«

Ronny war eigentlich ein netter Kerl, aber seine Stimme klang für ihn gerade, als würde sie ihm durchs Gehirn sägen.

Mit einem Pflaster an der Stirn ging er zum Auto. Duschen, packen, dann raus aus München und ab auf die Piste. Auf der Straße näherte sich eine Frau mit Kinderwagen.

»Hallo«, rief sie, »Sie sind doch der Kommissar, dieser Alte.«

Er schaute auf den Boden und sagte leise: «Ich spiele den Alten.«

»Ja, meine ich doch. Im ZDF, guck ich immer. Bekomme ich ein Autogramm?«

Er unterschrieb etwas, das sie ihm hinhielt, verabschiedete sich und setzte sich mit seinen dreckigen Sachen auf die Ledersitze seines weißen BMW. Die Produktionsfirma hatte den Wagen gemietet. Den Flieger hatte er gestern nicht nehmen können, weil diese Schuss-Szene noch abgedreht werden musste.

Eine knappe Stunde später verließ er mit gepackten Sachen das Hotel und fuhr auf die A7, Richtung Ulm. Die Haare noch nass. Diese lange Fahrt hätte er sich gerne erspart, wollte er doch am Abend ausgeruht und frisch sein. Er rief zu Hause an und erzählte von dem Sturz. Er war zu weit gesprungen, hatte deshalb die Matratze nicht richtig getroffen, die ihm die Requisite vorbereitet hatte, und rutschte stattdessen in den Dreck. Jetzt spürte er sämtliche Knochen, war ansonsten aber noch am Stück.

»Kommst du zum Abendessen? Ich könnte uns was Leckeres kochen.«

»So schön es wäre, das kriege ich zeitlich nicht hin. Geh ruhig zu deinen Mädels, da freust du dich doch schon so lange drauf. Macht euch einen schönen Abend.«

Um halb acht sollte er laut Navi in Leverkusen sein. Jetzt war es halb zwei. Das gab ihm sechs Stunden Zeit, um für sich zu sein und die Ruhe des Alleinseins zu genießen. Auf der Höhe von Augsburg schlug das Wetter um. Der Münchner Sonnenschein verwandelte sich in dunkle Wolken. Regen setzte ein.

Sein Handy spielte die Titelmusik von Tom und Jerry, Tinas Klingelton.

»Bist du auf dem Weg zu mir?«, fragte sie. Ihre Stimme konnte einen einhüllen. Sie schien bis obenhin voll mit Musik.

»Na klar.«

»Du wirst hungrig sein. Ich weiß schon, womit ich dich verwöhne. Apfelschnitze mit Schokolade.«

»Du bist ein Schatz.«

»Vorher oder nachher?«

»Vorher und nachher.«

»Wärm schonmal deine Lippen auf.«

»Ich geb Gummi.« Er atmete tief aus und ließ dabei seine Lippen vibrieren.

Rechts von der Autobahn stand eine Kirche, die ihm bekannt vorkam. Als Kind war er mit seiner Familie im gelben Ford Transit durch die Lande gefahren und hatte in fremden Gotteshäusern Lieder aus der Mundorgel rauf und runter gesungen, möglichst drei- oder vierstimmig. Es waren viele Kirchen. Vielleicht auch diese hier. So sehr es ihn als Teenager manchmal genervt hatte, heute empfand er die Erinnerung an diese gemeinsamen Musik-Momente als Geschenk.

Ihm fiel Tante Marthas Geburtstagsbrunch am nächsten Sonntag ein. Er wollte ein Ständchen für sie komponieren, summte eine Melodie, variierte sie, dachte sich Text dazu aus und sang erste Versionen in die Aufnahmefunktion seines Handys. Er war sich sicher, dass die ganze Verwandtschaft gemeinsam singen würde. Und zwar aus vollem Hals. Das gehörte einfach zu ihnen. Vater hatte sonntags nach der Messe in seiner ungeduldigen Art allen sechs Geschwistern nacheinander zehn Minuten lang Klavierunterricht gegeben. Es wurde oft geheult darüber. Aber Musik hatte ihn von Anfang an begleitet.

Kurz nach sieben ließ er Köln auf der A3 hinter sich. Verkehr und Regen nahmen zu. Mit ihm zusammen quälten sich Wochenend-pendler, Brummifahrer und Berufsdrängler über die Autobahn. Dabei erkannte man vor lauter Wasser auf der Windschutzscheibe kaum die Rücklichter des Autos vor einem. Die vielen Tausend Glühbirnen des Bayer-Kreuzes wirkten unscharf und verschleiert, als er an ihnen vorbeifuhr. Aber jede einzelne schien ihn willkommen zu heißen. Er mochte ihren Anblick. Wenn er sie sah, wusste er, dass er zu Hause war. Deshalb war er auch nach all den Jahren zurückgekommen. Hier lebten die Menschen, die ihm viel wert waren.

Er summte wieder. Wie klang Leverkusen? Es fing etwas schwierig an, um dann auszugleiten. ˈleːvɐkuːzn̩. Das gefiel ihm. Die Betonung auf dem ersten E.

Für ihn klang das nach Lebkuchen. In dem -uːzn̩ war eine Bewegung drin.

Die Produktionsfirma rief an, es war Ronny, der wissen wollte, wie es ihm ging. Als er erzählte, wo er war, kam ein Ächzen. »Das klingt nach Chemie und dunklen Wolken. Wer Leverkusen kennt, dem gefällt es überall.«

»Mensch Ronny, du weißt doch gar nicht wie es hier aussieht, wo ich wirklich wohne. Fünfhundert Meter hinter meinem Häuschen beginnt das Bergische Land. Da ist sofort absolute Stille, und man kann stundenlang mit dem Fahrrad oder dem Motorrad die Serpentinen hoch und runter fahren. Leverkusen ist laut und leise, beides. Du musst uns mal besuchen kommen.«

»Du bist mir schon so eine heimische Kartoffel, Jan. Wenn ich mal in der Nähe bin, schau ich vorbei.«

Er hatte ein Herz für Leute wie Ronny, die nicht sofort ins Auge fielen, die nicht gleich kompatibel, sondern vielleicht ein bisschen eckig waren, wo man erst mal abwarten musste, ob man mit ihnen warm wurde. Die Geduld dazu verlangte er sich ab, um dann doch vielleicht irgendwann den Diamanten in ihnen zu erkennen. Bei Ronny suchte er danach allerdings schon eine ganze Weile.

Er ließ wieder die Lippen flattern, tastete mit der rechten Hand in seinem Rucksack nach Balsam, mit dem er sie eincremen wollte. Dachte an zu Hause, fühlte sich hin- und hergerissen.

Tina stand am offenen Fenster zum Parkplatz, als er vorfuhr, winkte und warf ihm einen Handkuss zu. Er ging zu ihr hinein.

»Hast du dich geprügelt?« Sanft legte sie ihre Hand auf sein Stirnpflaster.

»Halb so schlimm«, antwortete er, die Knöpfe seines Hemdes öffnend.

»Mund auf.« Sie legte ihm einen Apfelschnitz mit einem Stück Schokolade auf die herausgestreckte Zunge. Der Abend nahm Fahrt auf.

»Mensch Jan, da bist du ja, gerade noch rechtzeitig. Legst du jetzt noch schnell 'nen Striptease für uns hin?« Hanno, der Pianist, schon im schwarzen Anzug, kam herein und griff nach einem Apfelschnitz.

Tina schlug ihm auf die Finger. »Das sind Jans Äpfelchen und Schokolädchen.«

Hanno äffte sie nach: »Jans Äpfelchen.«

»Ja, ja. Mach dich nur lustig. Aber diese Verniedlichung gehört zu uns«, sagte Tina.

Jetzt auch in schwarzer Hose und weißem Hemd ging er mit der Trompete hinter die Bühne. Er strich sich durch die Haare, atmete tief aus und ließ seine Lippen dabei flattern. Hier im Casino des Bayer Erholungshauses hatte er zu Schulzeiten seine allerersten Auftritte in der Laienspielgruppe als Prinz Safian in Die Nacht der leuchtenden Pantoffeln erlebt. Und zum ersten Mal diese Luft geschnuppert, den Geruch der Vorhänge, in der Maske den Duft der Schminke. Das hatte ihn verzaubert und gereizt, selbst fremde Welten entstehen zu lassen.

Seine Magengegend machte sich bemerkbar. Wie viele im Zuschauerraum mochten ihn als Schüler, Chorknaben, Sohn seiner Eltern oder Fernsehkommissar kennen?

Man sagte ihn an: »Bitte begrüßen Sie Jan-Gregor Kremp.« Applaus. Er trat hinaus, begann zu spielen, das Lampenfieber verflog, die Bühne wurde mit jedem Ton etwas mehr zu seinem Zuhause. Es gelang ihm, sich zu öffnen, sich sicher und wohlzufühlen. Das funktionierte noch immer und gehörte zum Schönsten an diesen Live-Auftritten.

Ob das Haus voll war, kümmerte ihn gerade nicht. Er konzentrierte sich auf die Musik, bis sein erster Satz zu Ende war. Man hatte ihm einen Stuhl auf die Bühne gestellt, es kamen jetzt einige Minuten Pause für ihn. Als er sich setzen wollte, gab ein Stuhlbein nach, und er fiel hin, konnte gerade noch die Trompete hochhalten, damit ihr nichts passierte. Er spürte, wie sein Kopf sich zu einer roten Bombe verwandelte. Hier lag er nun, der Herr Fernsehstar und Ehrenkommissar, auf seinem Allerwertesten. Gefühlt schauten gerade alle Nachbarn, Verwandten, Lehrer und Freunde auf ihn. Die ganze Heimat. Cousine Tina brachte eilig einen anderen Stuhl.

Musiklehrer, dachte er. In Festanstellung. Warum war er das nicht geworden? Er hätte sein Studium damals doch beenden sollen. Dann wäre er um diese Zeit längst zu Hause. Aber er hatte ja unbedingt diesen Bühnenberuf gewollt, wo einem die ganze Welt beim Straucheln zusah. Seine Schulter schmerzte, ob von heute Morgen oder gerade eben, war schwer zu sagen und jetzt auch schon egal.

Viele Berufe fielen ihm ein, die er jetzt attraktiver fand. Er hatte mal von Satteltaschen-Bibliothekaren gehört. Die ritten einst durch einsame Gegenden von Kentucky, um den Leuten Bücher vorbeizubringen, die sie sich ausleihen konnten. Das musste wunderbar sein.

Er spielte sich durch den zweiten Satz, dann mehrere Verbeugungen und ab in die Garderobe. Dort legte er den Kopf vornüber auf den Schminktisch. Es roch nach Puder und Mastix, dem Hautkleber für falsche Haare. Als es an der Tür klopfte, reagierte er nicht. Es klopfte noch einmal. Vorsichtig öffnete jemand die Tür. Er hob den Kopf und sah im Spiegel eine alte Dame eintreten mit einem großen Taschentuch in der Hand. Er überlegte, wie er ihr schonend beibrachte, dass ihm nach Alleinsein war.

»Jan-Gregor, da bist du ja.« Ihre Augen waren gerötet. Er bot ihr nun doch seinen Stuhl vor dem Spiegel an, auf den sie sich setzte. »Lass dich ansehen mein Junge. Es ist lange her, dass ich dich aus meinem Garten verscheucht habe.«

Sie musste die alte Bamsfelder sein, bei ihr hatte er als Kind mit seinen Geschwistern das Fallobst von den Wiesen stibitzt und seiner Mutter nach Hause gebracht, die daraus Apfelkompöttchen machte. Bei diesem Wort sah er sie noch heute vor sich, mit der Schürze in der Küche für alle acht kochen. Und oft eben auch Apfelkompöttchen, das der Vater fast zu jeder Mahlzeit aß. Es war eine schöne Erinnerung, mit

Jan-Gregor Kremp: nicht nur erfolgreicher Schauspieler und Musiker, sondern auch überzeugter Leverkusener. © Adrienne Meister

der sich seine Kindheitswelt wieder auftat. Die ganze Familie und der große Tisch. Das prägte damals sein Leben. Das auch mit Verzicht zu tun hatte. Sie fuhren öfter mal nicht mit auf Klassenfahrt, weil kein Geld dafür da war. Aber der Musikunterricht wurde immer bezahlt. Und alles wurde mit viel Aufwand selbst gemacht. Alles das strahlte das Apfelkompöttchen aus. Wie kleine Sternstrahlen.

Die Frau knuffte ihn in den Arm. »Was für ein Abend, Junge. Habe geweint, als du gespielt hast, so sehr hat es mir Trost gegeben und mich berührt. Aber ich habe auch das erste Mal, nachdem mein Albert letztes Jahr gestorben ist, gelacht. Ich hoffe, du verzeihst mir das.« Sie tupfte mit ihrem Taschentuch in ihren Augenwinkel. »Ich wusste, Glück ist kein fortwährender Zustand, sondern immer nur ein kleines Präsent. Aber heute Abend wurde mir noch etwas anderes klar: Unglück ist auch kein fortwährender Zustand.«

Sie versuchte aufzustehen, er stützte sie, bot ihr an, noch sitzen zu bleiben.

Sie hielt sich an ihm fest. »Komm doch morgen zu mir, ich habe noch ein Glas eingeweckten Apfelkompott im Keller, den magst du doch so gerne. Ich weiß nicht, ob ich ihn so gut mache wie deine Mutter, aber den schenk ich dir.«

Sie reichte ihm die Hand. Für einen kurzen Augenblick entstand eine Verbindung zwischen ihnen, die nicht besprochen werden musste und auch nicht besprochen werden konnte. Dann verabschiedete sie sich und ging.

Von wegen Satteltaschen-Bibliothekar, dachte er. Es machte alles Sinn.
Nur der Zweifel gehörte eben auch dazu.

Ulrich Bornewasser

Die ungewöhnliche Reise der Band »Dream«

Worte wirken. Sie können unbändigen Hass befördern oder grenzenlose Liebe. Haben nicht Jesus, Laotse und Martin Luther King die Menschen nachhaltig verändert, nur mit der Kraft ihrer Worte? Und nutzen nicht Schamanen, Medizinmänner und Psychotherapeuten die Heilkraft der Worte? Aber Worte können noch viel mehr. Davon erzählt diese Geschichte.

Langsam tasten sich die Scheinwerfer durch den verschneiten Wald. Kurz nachdem der VW-Bus die Dhünn überquert hat, tauchen hinter einer scharfen Rechtskurve unvermittelt die Umrisse des *Sensenhammer* auf. Im Innenhof der ehemaligen Schlebuscher Sensenschmiede kommt der Wagen zum Stehen. Eine einsame Lampe über einer schmalen Tür des langgezogenen Backsteinbaus wirft ein paar Lichtstrahlen Richtung Bus. Die Türen öffnen sich, und vier Männer steigen aus.

»Ist das schattig hier«, knurrt der Fahrer und setzt sich in Richtung der angestrahlten Tür in Bewegung, während die anderen ihm mit Händen in den Taschen und hochgezogenen Kragen folgen.

Mit der flachen Hand klopft er mehrmals an der Tür. Drinnen sind Schritte zu hören, ein Schlüssel, wird im Schloss gedreht, knarrend öffnet sich die Tür. Der Fahrer schaut in ein paar hellblaue Augen, um die sich Lachfalten ausbreiten.

»Manfred«, schallt es ihm entgegen. »Schön, dass du mit deinen Bandkollegen so früh da bist. Kommt rein und dann direkt links in den Backstage.« Der Sprecher macht einen Schritt zur Seite und lässt die vier eintreten. »Ich komm später zu euch«, sagt er, während er die Tür schließt. »Ich muss noch die Kopien für die Noten auf die Bühne bringen, für die besprochene Zugabe, und ein paar Gäste begrüßen.«

»Lass dir Zeit, Dirk«, ruft Manfred ihm nach. »Wir trinken erst mal ein Tässchen Kaffee von den Kannen, die ich hier auf dem Tisch sehe.«

In dem Räumchen zieht er den Mantel aus und lässt sich auf einen der Stühle fallen. »Das nenn ich ein entspanntes Heimspiel, nur fünf Minuten von meinem Laden entfernt«, seufzt Manfred zufrieden. »Tja, und Dirk sagte mir heute Mittag, dass wir vor vollem Haus, also vor rund 200 Gästen, spielen.«

Die Bandmitglieder klopfen laut auf den Holztisch. »Super Nachricht. Wie lange kennst du eigentlich Dirk?«, will Chris, der Keyboarder, wissen.

»Dirk Kaiser kenne ich, seit er Eventmanager des *Sensenhammer* ist«, antwortet Manfred, »und sich zusammen mit anderen Ehrenamtlern des Fördervereins um alles rund um die Konzerte kümmert. Dank ihm konnten wir heute Vormittag bereits unsere Instrumente und die Technik in der Schmiedehalle aufbauen sowie den Soundcheck durchführen«, ergänzt er.

Die vier schlürfen dampfenden Kaffee und besprechen Passagen der Lieder aus ihrem Repertoire.

»Weißt du inzwischen, warum wir als Zugabe eine italienische Volksweise spielen sollen?«, will Chris wissen.

»Als Dirk mir die Noten gab, sagte er, dass es etwas mit der Geschichte des *Sensenhammer* zu hat. Sorry, dass ich euch nichts weiter dazu gesagt hab, es sollte eine Überraschung sein – auch für mich. Jürgen, der Museumsleiter, wird die Zugabe nachher anmoderieren. Dann werden wir es wissen. Da wir mit einem Lied von Paolo Conte aufhören, passt es.«

Dirk öffnet die Tür: »*Dreamer*, es kann losgehen. Kommt schon mal mit mir runter in die Schmiedehalle!«

Die vier folgen ihm die steile Treppe hinab in die große Halle, warten aber am Rand, während er zur Bühne und ans Mikro tritt, die Gäste begrüßt und die Band ankündigt. Applaus brandet auf, als die *Dreamer* durch die Halle gehen und auf dem von bunten Spots beleuchteten Podium ihre Positionen einnehmen. Manfred schaut seine Bandkollegen an, und nachdem alle kurz genickt haben, zupft er auf der Gitarre die ersten Sequenzen von *Let it be* an. Mathias steigt mit dem Schlagzeug und Paul mit dem Bass ein. Als Chris mit dem Keyboard die Melodie verstärkt, pfeift und klatscht das Publikum. Manfred singt den Text von Paul McCartney, und etliche Gäste stimmen mit ein. Weitere Songs der Beatles und der Rolling Stones folgen. Das Publikum singt und groovt im Stehen. Die Band spielt ohne Pause, und es geht immer weiter in Richtung Hard Rock. Als Manfred das berühmte Gitarren-Riff von Ray Davies bei *You Really Got Me* spielt, gibt es Szenenapplaus. Matthias' Hemd klebt schweißgetränkt an seinem Körper, während er bei diesem letzten Song noch ein furioses Schlagzeugsolo hinlegt. Dann klingt der Schlussakkord aus, und die vier *Dreamer* schauen auf 200 Fans, die stehend applaudieren. Pfiffe und laute Zugabe-Rufe ertönen; immer rhythmischer wird das Klatschen und die Forderung nach Zugabe stärker.

Jürgen Bandsom tritt an das Mikrofon. »Wir haben einen grandiosen Musikabend erlebt, der noch nicht vorbei ist. Zum Finale gibt es eine Überraschung.« Er hebt den Arm, in der Hand hält er einen länglichen Gegenstand. »Diese Papierrolle haben wir beim Umbau vor wenigen Wochen in einer Wand gefunden, eingewickelt in einer Stofftasche. Das Dokument ist über 100 Jahre alt. Es enthält einen italienischen Text, geschrieben von Vinzenz von Zuccalmaglio, sowie Musik, die wahrscheinlich von einem ehemaligen Kantor der evangelischen Kirche am Blauen Berg komponiert wurde. Heute Abend werden die *Dreamer* die Melodie spielen, und Dirk wird dazu den Text vorlesen. Die Band hatte ausreichend Gelegenheit, sich auf das Stück einzustimmen, aber Musik und Text wurden noch nicht gemeinsam geprobt. Wir dürfen gespannt sein. Dirk, ich darf dich auf die Bühne bitten.«

Nachdem alle ihre Positionen eingenommen haben, zählt Manfred den Takt an, und dann spielen Chris und Manfred leicht verjazzt das

Motiv. Bass und Schlagzeug liefern den Grundschlag, der in zunehmender Lautstärke die Halle erfüllt.

Kraftvoll und dem Rhythmus angepasst, liest Dirk die italienischen Sätze vor. Scheint es nur so, oder beginnt der Holzboden unter den Musikern zu zittern? Die Luft zu flimmern? Dirks Stimme scheint die ganze Halle vibrieren zu lassen. Die Konturen der Maschinen und Stahlträger verschwimmen, die Zuschauer beginnen sich aufzulösen. Die Musiker schauen sich ungläubig um. Plötzlich durchschneidet ein grelles Licht den Raum. Geblendet schließen die Männer auf der Bühne die Augen und hören auf zu spielen. Für eine gefühlte Ewigkeit umgibt sie absolute Stille, aus der sich – zunächst fast unhörbar, doch nach und nach stärker werdend – ein wummerndes Geräusch herausschält. Das Gleißen hinter den Lidern lässt nach. Manfred öffnet die Augen, sieht die ungläubigen Blicke der anderen. Um sie herum sind zehn große Schmiedehämmer in Betrieb. Vor jedem Hammer sitzt ein Schmied und führt glühendes Metall mit schnellen Dreh- und Ziehbewegungen unter dem rasend schlagenden Hammer hindurch. In die Akkordarbeit vertieft, haben sie die fünf Fremden in ihrer Umgebung noch gar nicht bemerkt. Bis ein Wärmejunge, der einen Metallwagen mit glühenden Eisenstücken vom Ofen zu einem der Schmiede schiebt, mit offenem Mund vor der Band stehenbleibt.

»Wer seid ihr?«, schallt eine Stimme durch die Halle.

Der Meister. Zwei Stufen auf einmal nehmend, stürzt er die Treppe von seiner Bude in die Schmiede herunter, eilt mit raumgreifenden Schritten auf die Eindringlinge zu und baut sich vor Manfred auf. »Sagt schon!«, schnaubt er. »Wer seid ihr?«

Aber weder Manfred, dessen E-Gitarre über seiner Schulter hängt, noch einer der anderen ist in der Lage zu antworten. Die Schmiede, die bis gerade noch konzentriert in der lärmenden Halle arbeiteten, haben ihre Arbeit eingestellt. Sie nehmen die Transmissionsriemen von den Schmiedehämmern und scharen sich um die Band. Die Hämmer laufen noch einige Zeit nach, dann kehrt Ruhe in der riesigen Halle ein.

»Ein letztes Mal, sagt endlich, wer ihr seid, und was ihr hier zu suchen habt!«, wiederholt der Meister.

Dirk, eingekeilt zwischen dem Wärmewagen mit den glühenden Eisenteilen und zwei kräftigen Schmieden, findet als Erster die Fassung wieder: »Egal, was ihr von uns denkt: Wir wissen selbst nicht, wie wir hier hingekommen sind. Eben haben wir noch im *Sensenhammer* musiziert.«

Die Schmiede glotzen, grinsen, einer lacht laut, die anderen fallen ein, schütteln sich vor Lachen.

›Kein Wunder‹, denkt Manfred. ›Für diese Männer, die tagtäglich unter Hitze und Lärm im Akkord arbeiteten, müssen wir wie Zirkusclowns erscheinen.‹

Die Wärmejungen haben ihre anfängliche Scheu verloren, sich von der ausgelassenen Heiterkeit anstecken lassen und lachen ebenfalls lauthals. Nur der Meister schweigt. Sein Gesicht hat eine purpurne Färbung angenommen. »Ihr scheint das ja alle sehr witzig zu finden!«, ruft er und funkelt seine Arbeiter an. Dann wendet er sich wieder der Band zu. »Das ist Hausfriedensbruch! Ihr stört den gesamten Ablauf hier«, polterte er. »Ihr kommt jetzt mit mir! Wir gehen zum Chef. Und ihr – er blickt in die Runde der Schmiede – geht jetzt sofort wieder an die Arbeit, bevor das Eisen kalt wird!«

Die fünf folgen dem Meister, der auf kürzestem Weg das Betriebsgebäude verlässt und auf die schräg gegenüberliegende Villa zugeht.

Fabrikant Friedrich Kuhlmann empfängt die Gruppe in einem Salon. Er steht mit dem Rücken zu bodentiefen Fenstern, die den Blick auf einen großen, nach englischem Stil gepflegten Garten freigeben.

Nachdem der Meister die Lage beschrieben hat, mustert der Chef die Fremden eingehend, bevor er sich an Dirk wendet: »Ihr wollt in meinem *Sensenhammer* musiziert haben? Das ist die fantastischste Begründung für Hausfriedensbruch, die ich je gehört habe. Passt auf: Ich werde mich jetzt in diesen Sessel setzen, mir eine Zigarre anzünden, und dann möchte ich die wahre Geschichte hören.«

Manfred fasst sich ein Herz, tritt einen Schritte vor und erklärt, wer sie sind und wie sie das außergewöhnliche Ereignis erlebt haben.

»Eine interessante Geschichte«, wirft Kuhlmann ein, »gut erzählt, aber wie ein Märchen. Könnt ihr denn beweisen, dass ihr aus der Zukunft kommt?«

Manfred sieht sich um. Da zückt Dirk sein Handy und zeigt dem verblüfften Fabrikanten Bilder vom letzten *Christmas-Jazz* mit der Band *Greencard*, Impressionen vom Weihnachtsmarkt in der Schmiedehalle, sowie einige Motive vom Außengelände.

Kuhlmann saugt kräftig an seiner Zigarre und bläst kleine Rauchkringel Richtung Fenster.

»Hermann«, wendet er sich nach einigen Minuten des Nachdenkens an seinen Meister. »Geh in die Küche und bitte Gerlinde, den Organisten von der Kirche am Blauen Berg zu holen. Und übernimm wieder den Dienst im *Sensenhammer*. Mit den Herren komme ich schon klar.«

Kuhlmann steht auf und weist auf einige Stühle rund um einen großen Tisch. »Nehmen Sie Platz meine Herren. Sie werden bald mehr über Ihr Ereignis erfahren.«

Kaum dass sie sich gesetzt haben, will der Fabrikant alles über Dirks Handy und die Technik wissen.

Gerade als der ein Video mit einem Gitarrensolo von Reiner Lützenkirchen im Sensenhammer abspielt, betritt der Organist den Salon.

»Herr Obermüller, kommen Sie her«, sagt Kuhlmann und weist auf den freien Platz neben sich. »Die Herren«, fährt er fort, »sind aus dem 21. Jahrhundert. Sie haben die Schriftrolle bei Umbauarbeiten entdeckt. Was machen wir?«

Obermüller blickt die Bandmitglieder lange an. Mustert eingehend ihre Kleidung, die Frisuren und schließlich das Handy, das Dirk in der Rechten hält. »Sie müssen so schnell wie möglich wieder zurück«, presst er schließlich hervor. »Und sie müssen wissen, was zu tun ist«, ergänzt er.

»Deswegen habe ich Sie holen lassen«, entgegnet Kuhlmann.

»Gut«, sagt Obermüller und wendet sich mit weit geöffneten Armen an die Gäste. »Wir sind Ihnen wohl eine Erklärung schuldig. Daher hören Sie: Als die Franzosen Europa eroberten, kamen sie im Jahr 1802 auch nach Schlebusch. Sie plünderten die Vorräte der Bauern und pressten die Bewohner in den folgenden Jahren nach Belieben aus. Zehn Jahre dauerte die Fremdherrschaft, bis Napoleon in Russland geschlagen wurde. Auch hier erhob sich die Bevölkerung gegen die Invasoren. Unter der Leitung des Feldobersten Jacob Salentin von Zuccalmaglio schlossen sich einige tausend Männer des Schlebusch-Burscheider Landsturms den russischen Kompanien an und trieben die Franzosen auf die andere Rheinseite. Die Kriegserlebnisse hat der Sohn des Feldobersten und spätere Heimatdichter Vinzenz von Zuc-chalmaglio in einer Freiheits-Ballade mit dem Titel *Geh Deinen Weg* beschrieben, die er auch ins Italienische übersetzte. Die Worte sollten den Menschen Mut machen, sie trotz ihrer Nöte und Ängste vertrau-ensvoll in die Zukunft schauen zu lassen. Vinzenz gab mir bei einem seiner Besuche in Schlebusch die Ballade auf einer Schriftrolle mit der Bitte, eine kraftvolle und zugleich optimistische Melodie dazu zu komponieren. Ich machte mich sofort ans Werk, und zwei Tage später, am 28. März 1867, meinem Geburtstag, setzte ich mich an die Orgel und ließ die Melodie durch das Kirchenschiff schweben. Vinzenz sprach dazu die Worte der Freiheitsballade. Und dann pas-sierte, was euch widerfahren ist: Unvermittelt fanden wir uns in einer anderen Zeit wieder. Wir reisten allerdings in die Zukunft. In den Dezember des Jahres 1944. Es herrschte Krieg. Nahrung war ratio-niert. Wir hatten Hunger, keine Unterkunft und keine Ahnung, wie wir wieder zurückkommen konnten. Daher suchten wir nach Arbeit, um Obdach und Essen zu bezahlen. Schlebuscher, auf die wir trafen und denen wir uns als Kriegsflüchtlinge ausgaben, rieten uns, nach Opladen zu gehen, zum Bahnausbesserungswerk. Dort könnten wir vielleicht arbeiten und bekämen auch etwas zu essen. Als wir am Nach-mittag des 28. Dezember Opladen erreichten, fragten wir erst bei dem

Pfarrer von St. Remigius nach, ob wir Nahrung und eine Bleibe für die Nacht bekommen könnten. Am nächsten Morgen wollten wir dann zum Werk gehen. Es kam nicht dazu. In der Nacht dröhnten gewaltige Maschinen am Himmel. Sie setzten riesige Fackeln in die Luft, die langsam zur Erde schwebten und die Stadt hell erleuchteten. Wir standen beide ängstlich, aber auch fasziniert vor der Kirche und starrten auf die flackernden Lichter. Menschen liefen an uns vorbei. Einer rief: »Der Luftschutzbunker macht gleich zu!« Wir blieben ratlos stehen. Dann brach die Hölle über uns herein. Länglich geformte Metallkörper fielen aus den Flugmaschinen auf die Erde und zerstörten alles, was sie trafen. Als das erste Objekt in die Kirche krachte, rannten wir um unser Leben. Mit viel Glück konnten wir uns in der Düsseldorfer Straße in einen offenen Hauseingang flüchten und von dort in den Keller. Der war voller Menschen, die laut das *Vater unser* beteten. Wir setzten uns an die Wand und beteten mit. Am nächsten Morgen verließen wir alle den Keller. Die Stadt, die wir gestern noch für Arbeit und Essen aufgesucht hatten, war zum großen Teil zerstört. Auch das Bahnausbesserungswerk lag in Trümmern. Wir hatten Angst, nie wieder zurückzukommen und in diesem furchtbaren Krieg elendig zu sterben. Bis zum Winter des Jahre 1945 schlugen wir uns mit Aushilfsarbeiten durch. Dann bekam ich die Gelegenheit, in einer Kölner Pfarrei als Organist zu arbeiten. Endlich hatten wir die langgesuchte Möglichkeit, mit Hilfe der Orgel herauszufinden, ob wir mit dem Text und der Musik wieder zurückkreisen können. Vorsichtig probierten wir verschiedene Takte und Lesegeschwindigkeiten aus, ohne den Text jeweils ganz zu lesen. Schließlich wollten wir uns nicht noch weiter von unserer Zeit entfernen. Dann kam ich, beim Anblick einer Sanduhr, auf die Idee, den Text umzudrehen, also rückwärts zu lesen. Das führte uns nach mehreren Versuchen schließlich zurück. Als wir wieder in unserer Zeit waren, beschlossen wir, die Schriftrolle mit Text und Noten zu vernichten. Kein Mensch sollte mehr durch die Zeit reisen können, um sich vielleicht die furchtbaren Waffen zu besorgen, deren Wirkung wir hatten erleben müssen. Aber was immer wir auch versuchten, die Rolle konnte nicht zerstört werden. Daher entschieden wir uns, das Dokument einzumauern. Als Friedrich Kuhlmann die Sensenfabrik 1868 erweiterte, ein Jahr nach dem Tod seines Vaters Carl, weihten wir ihn in das Geheimnis ein.«

»Ich erkannte die Tragweite, die das Dokument für die gesamte Menschheit hat, und unterstützte das Vorhaben sofort«, wirft Kuhlmann ein. »Auch wenn die Versuchung groß war, Techniken aus der Zukunft zu holen, um sich Wettbewerbsvorteile zu verschaffen. Aber wenn die Büchse der Pandora einmal geöffnet ist, dann gibt es kein Zurück mehr.« Er zieht bedächtig an seiner Zigarre, pafft Rauchwolken und wendet sich an den Organisten: »Heute Abend essen wir hier gemeinsam, und gehen dann nach der letzten Schicht in die leere Schmiedehalle. Ich werde den Schwanzhammer starten, und ihr – dabei blickte er Dirk an – werdet den Text rückwärtslesen. Achtet dabei auf den Rhythmus, den der Hammer vorgibt. Obermüller und ich werden uns für eine halbe Stunde in die Meisterbude zurückziehen. Wenn alles gut geht, seid ihr bald zurück in eurer Zeit.«

Gegen neun Uhr führt Friedrich Kuhlmann die Gruppe in die Schmiedehalle. Im flackernden Licht der Kerzen, die sie in Händen halten, erscheinen die Hämmer wie schlafende Riesen.

Stumm geben Obermüller und Kuhlmann jedem die Hand. Eine verschworene Gemeinschaft von Zeitreisenden schickt sich an, ein vielleicht letztes Mal die vierte Dimension zu durchschreiten.

Mit einem Ruck legt Kuhlmann den Transmissionsriemen auf die Welle, und der Hammer beginnt zu schlagen. Manfred beobachtet, wie Dirk zum Rhythmus der Schläge nickt und schließlich beginnt, laut die Freiheitsballade rückwärts zu lesen.

In der Meisterbude sieht er Obermeier und Kuhlmann, die auf sie herabblicken. Plötzlich durchzuckt ein grelles Licht die Halle. Manfred öffnet die Augen wieder.

Er sieht Dirk und die anderen Bandmitglieder. Sie schauen einander an, ein Moment der Stille tritt ein. Dann wandern ihre Blicke von der Bühne ins Publikum. Augenblicklich wird das wieder lebendig. 200 Besucher geben stehend Applaus.

Die Band dream - v.l. Matthias Gottschalk, Paul Brodkorb, Manfred Gottschalk, Chris Stupp
@ Manfred Gottschalk

Jürgen löst sich aus der Menge, tritt auf die Bühne und ans Mikrofon. »Wir hatten einen schönen, einen außergewöhnlichen Abend mit der Band *Dream*! Zum Abschluss wollen uns die vier noch Noten zu einer italienischen Volksweise vorspielen, die wir beim Umbau der Küche in der Wand gefunden haben. Den dazu gehörenden Text wird Dirk Kaiser vorlesen.«

Manfred geht auf Dirk zu und flüstert: »Kennst Du den Text von Paolo Contes *Via con me*?« Dirk nickt. Manfred spielt mit der E-Gitarre die ersten Akkorde an. Die anderen Bandmitglieder steigen nach und nach ein, als wäre nichts passiert. Der Abend findet ein wunderbar entspanntes Ende.

Die Freiheitsballade von Vinzenz von Zucchalmaglio mauern Dirk, Jürgen und Manfred wieder ein.

Wo?

Am besten geht ihr in die Buchhandlung in Schlebusch und fragt Manfred. Einen Hinweis, und sei es auf ein Buch, eine Geschichte, die begeistert, werdet ihr auf jeden Fall bekommen.

Brigitta Buse

Die Pause

Es war einmal an einem sonnigen Tag, als alle Noten in die Musikschule nach Leverkusen kamen, denn dort fand nach der Corona-Pandemie endlich wieder der Tag der offenen Tür statt.

Viele Besucher bevölkerten das Haus, und Kinder lärmten schon auf Fluren und in den Räumen.

Die Noten hatten sich herausgeputzt. Jede wollte schöner sein als die andere.

Während die behäbigen Ganzen ohne Hals sich erst einmal gemütlich auf dem nächsten Sitzplatz niederließen, sah man Halbe, die sich doch mit den Viertelnoten gestritten hatten, ob hell oder dunkel bewundernswürdiger sei.

Die Achtel tänzelten beschwingt, wedelten mit ihren Fahnen und drehten der schnellen Sechzehntel eine lange Nase. Manche hatten sich an den Händen gefasst und waren so verbunden, wie Freunde eben sind.

Nur die kleine Pause stand allein in der Ecke und war traurig, weil niemand sie beachtete.

Die Notenlinien warteten schon gespannt, ob es bald losgehen würde.

Wie eine Geheimschrift kam es manchen Gästen vor, als sich die Noten zusammenfügten, und es mutete sie an, als sei es eine unverständliche Sprache.

Neben den Notenlinien sprangen auch einige Hilfslinien herum, und der Violinschlüssel rief die Noten zur Ordnung, sodass sich alle in einer Leiteranordnung aufstellten, Linie folgte zuerst auf Zwischenraum und wieder Linie und wieder Zwischenraum und so fort. Auch der Bassschlüssel machte sich wichtig und wollte mitreden und zeigen, in welcher Tonhöhe die Noten insgesamt zu spielen wären.

Musikschule Leverkusen
© *Brigitta Buse*

Das »c« drängelte sich wie immer vor, denn bei der Tonleiter wollte es unbedingt vorne stehen, dann folgten »d«, »e«, »f«, »g«, »a« und »h«, die sieben Stammnoten schön nach der Reihe. Der Punkt, der die Spielzeit um die Hälfte verlängert, kam wie immer zu spät. Und auch die drei Vorzeichen hatten sich Zeit gelassen.

Nun begannen die Noten, sich auf die im Raum anwesenden Musikinstrumente zu verteilen, und wollten mit der »richtigen« Musik beginnen.

Manche Töne, die im oberen Bereich der Notenlinien lagen, klangen hoch, manchmal schrill, die unteren dunkel und tief. Mancher Notenkopf befand sich zwischen den Linien, während andere auf der Linie balancierten.

Es war ein Gekreische und Gejauchze, einmal gab es einen Halbtonschritt, ein andermal wurde ausgiebig lange geklungen, ansonsten reines Chaos, kein Rhythmus war zu erkennen. »Richtige« Musik war es auf jeden Fall nicht.

Betreten schauten sich alle an. Eine der Zahlen, die den Takt angeben wollten, drehte sich zur kleinen Pause um und sagte: »Du fehlst uns, mach doch mit!«

Alle anderen umringten sie und nickten eifrig. Die kleine Pause war nun glücklich und fühlte sich zum ersten Mal wichtig, und das ist sie ja auch. Und nächstes Mal wird sie ihre Geschwister mitbringen.

Joshua Kraski

Effi

In dem Moment, in dem sie die Zeitung aufschlug, war es wieder da. Dieses Gefühl, das nichts mehr in ihr zuließ. Keine Trauer, keinen Gedanken, einfach nur Leere. Die Zeitung lag stumm auf dem Tisch und bedeckte mit ihren Seiten die Stelle, an der sonst sein Gedeck gestanden hatte. In ihrer morgendlichen Arbeitsteilung war es seine Aufgabe gewesen, die Zeitung aufzuschlagen, sie hatte das nie gemacht. Er war dafür zuständig gewesen, morgens nach dem Gang zum Bäcker den *Leverkusener Anzeiger* aufzublättern und in diesem die neuesten Meldungen zuerst zu lesen. Während sie darüber nachdachte, was sie wohl zur Mittagszeit zubereiten würde, berichtete er ihr wohlsortiert, was in der Zeitung stand. Sie musste sie nie selbst aufschlagen. Er hatte es für sie erledigt. Doch viel wichtiger als dieses Ritual war der Gedanke: Er dachte an sie. Er las ihr die aktuellen Meldungen vor. Er wusste, was sie interessierte. Er sprach mit ihr. Sie begingen gemeinsam den Tag, und wenn er ihr am Abend aus *Effi Briest* vorlas, beendeten sie ihn miteinander. Immer. Morgens gingen sie gemeinsam los, und abends trafen sie sich wieder. In gegenseitiger Freiheit fanden sie täglich zusammen. So lebten sie und führten eine glückliche Ehe. Während für andere die Beziehung nicht mehr war als Arbeit, als eine Leistung, die es zu erhalten galt, war die Beziehung mit ihm ein Wunder. Ihr Lebenswunder. Die Zeitung war ein Teil davon gewesen. Ein Teil eines Rituals, welches sie jeden Morgen daran erinnerte, dass niemand ihr so vertraut war wie dieser Mann.

Heute war es anders. Heute schlug sie selbst die Tageszeitung auf. Die in die oberste Zeile gedruckten Buchstaben brannten ihr im Auge. Ihre Blicke glitten die Seite hinunter. In dem schwarzen Kasten mit akkuraten Linien stand sein Name. Auch wenn er nicht gläubig gewesen war, flankierte ein kleines schwarzes Kreuz die Zahlen, die an den Tag erinnerten, an dem sie ihn verloren hatte. Das täte man so, hatte der Bestatter gesagt. Sie konnte sich nicht wehren. War zu sehr mit dem Gedanken beschäftigt gewesen, wie sie ohne ihn zurechtkommen sollte. Von nun an musste sie selbst die Zeitung aufschlagen. Die Hände zitterten. Die Augen starrten. Sie konnte nicht weinen. Sie konnte nichts. Zu keinem Menschen hatte sie jemals eine engere Beziehung gehabt. »Beziehung« war nicht das Wort, das die Verbindung zwischen ihr und ihm beschreiben konnte. Es war mehr als das gewesen. Es war diese Form von Abhängigkeit voneinander, die Angst machte, eben diese Abhängigkeit zu verlieren. Diese Freiheit, die man nur spüren konnte, wenn man wusste, dass man selbst immer wieder aufgefangen wurde. Eine tiefgreifende Verbindung, die man im Leben nur ein einziges Mal spürte. Er hatte ihr gereicht, und sie hatte ihm gereicht. Und trotzdem hatten sie sich einander die Zeit gegeben, die Welt und ihre Menschen zu entdecken. Immer wieder mit dem Gedanken, gemeinsam abends ins Bett zu gehen und sich gegenseitig aus *Effi Briest* vorzulesen. Sie hatte mit ihm mehr verloren als nur ihren Mann. Sie hatte ihren Mittelpunkt verloren. Einen Mittelpunkt, den sie nie wieder zu finden glaubte.

Es brauchte eine Ewigkeit, bis sie sich überwunden hatte und weiter in der Zeitung blätterte. Neben Todesanzeigen, anonym und peinlich berührend zugleich, fand sie Terminankündigungen. Ihr Blick glitt über sie hinweg. Beiläufig fiel ihr das Wort »Musik« ins Auge. Sie hatte noch nie singen können. Doch las sie dort einen Begriff, von dem sie zuvor noch nie gehört hatte: »Festtagschor«. Was bedeutete er? Vielleicht der Grund, dass sie weiterlas. Neben dem Ort war das Datum der Probe notiert. Sie konnte es sich nicht erklären, doch stieg in ihr ein Drang auf, endlich aus dieser Wohnung zu kommen. Sie brauchte etwas, das dieses unheimliche Gefühl kompensieren konnte. Eigentlich war sie nicht für die Musik bestimmt, und singen konnte sie auch nicht. Aber das schien hier nicht zu zählen.

Fliednerkirche. © *ev. Kirchengemeinde Monheim/Hitdorf*

Aus der Kirche tönten die eigenartigen Geräusche der Gesangsprobe: Vokale und Plosive, die die Sänger zum Aufwärmen durch die Lippen pusteten, klangen wie eine Mischung aus Logopädie-Unterricht und musikalischer Früherziehung. Sie stand vor der Eingangstür zur Kirche. Die Probe hatte anscheinend schon angefangen. Solle sie wirklich dazustoßen? Ihr kam all das plötzlich lächerlich vor. Wieso hatte sie es noch für eine gute Idee gehalten, zu dieser Probe zu gehen? Das Singen würde ihr nicht den Schmerz nehmen können, den sie jedes Mal im Magen spürte, wenn sie abends ins Bett gehen musste. Sie drehte sich um und machte sich auf den Weg. Als sie gerade in die Seitenstraße einbiegen wollte, die sie weg von der Kirche zurück nach Hause führen würde, kam ihr eine Frau entgegen. Sie schaute sie freundlich an. Mehr aus Höflichkeit erwiderte sie den Blick, ohne die Erwartung zu bedienen, dass man näheren Kontakt aufnahm. Doch die Frau blieb stehen.

»Wollen Sie auch zu der Probe?«

Sie erschrak. Solle sie mit »Ja« antworten und Gefahr laufen, mit der anderen in die Kirche hineingehen zu müssen? »Die haben bereits begonnen«, antwortet sie.

»Das ist doch kein Grund.« Die Frau machte eine wegwerfende Handbewegung.

»Was heißt das eigentlich: ›Festtagschor‹?«, platzte es aus ihr heraus. Während die Frau antwortete, bewegte sie sich auf sie zu und dirigierte sie in Richtung Treppe. »Wir treffen uns eigentlich nur vor den Feiertagen. Es gibt keinen Zwang und keine Verpflichtung. Wer singen möchte, ist herzlich willkommen.« Es gehe um die Musik und die Gemeinschaft.

Ehe sie sich's versah, stand sie in dem hellen Kirchenraum. Eine Gruppe Frauen strahlte sie an. Wahrscheinlich die Quelle der wahrgenommenen Stimmen. Sie stellte sich in die Menge, bekam eines dieser gelben Notenblätter in die Hand gedrückt. Dann sang sie los. Ohne nachzudenken, sang sie mit. Und dann brach ein Damm in ihr. Sie konnte wieder etwas spüren. Die Wellen der Akkorde und Melodien, die die anderen mit Verve in den Kirchraum stießen. Sie spürte die Gemeinschaft. Alle waren hier, weil sie singen wollten oder einfach nicht allein sein wollten. Sie probten auf einen besonderen Tag hin. Ohne dass sie jemanden zuvor gekannt hatte, war sie ein Teil dieser Gruppe. »Festtagschor«. Ihr Drang, aus der Wohnung zu fliehen, hatte ausgerechnet sie Teil dieses Chores werden lassen. Sie, die früher noch nicht einmal unter der Dusche gesungen hatte. Es war egal, ob sie singen konnte oder nicht. Gemeinschaft, das war es, worauf es ankam.

Nach der Probe setzte sie sich auf einen der Stühle, die in kleinen Gruppen im Kirchenraum verteilt waren. Wahrscheinlich ein Relikt aus Zeiten, in denen Corona noch zu Distanz verpflichtet hatte. Hier konnte alles gespürt werden, nur keine Distanz. Sie hatte keine Angst zu singen. Die Töne kamen tief unten aus ihrem Bauch und über ihre Lippen. Die Distanz zu den Tönen und der Musik verschwand. Die Gruppe setzte sich zu ihr. Ohne einander zu kennen, dennoch voller Vertrauen und Offenheit. Obwohl Hitdorf ein Dorf war, hatten viele den Weg nicht gescheut. Hatten sich in der Kirche zusammengefunden, um gemeinsam zu singen. Um nicht allein zu sein. Hier gab es keine Verpflichtung. Keine Verpflichtung, etwas zu können oder gar zu kommen.

Endlich konnte sie erzählen. Dass sie ihn verloren hatte und von den Tagen ohne ihn. Dass sie nicht wusste, was sie nun mit ihrer Zeit anfangen und welchen Leidenschaften sie abseits von dem Leben mit ihm nun nachgehen sollte. Fast eine Stunde saßen sie dort und erzählten. Sie erkannte sich in diesen Frauen wieder. Das Gefühl der Verbundenheit. Diese Leichtigkeit war da, ohne dass sie wusste, woher sie kam. Fremd und trotzdem vertraut.

Bestimmt würden sie sich wieder sehen. Gemeinsam singen und vielleicht zu Ostern, Weihnachten oder dem Erntedankfest zusammenkommen. Zusammenkommen, um sich mit den anderen und vor allem durch die Musik zu vereinen. Plötzlich spürte sie, dass es das war, worauf es ankam. Auf die Kraft der Musik, einen fühlen zu lassen, was man selbst nicht wusste. Sie würde wiederkommen. Vielleicht. Sicher. Sicher würde sie morgen zu Hause, statt die Zeitung aufzuschlagen, das Lied von heute singen. Und abends, wenn sie sich eigentlich hätte etwas vorlesen lassen wollen, die Melodie summen, die sie gemeinsam in der letzten Probe einstudiert hatten.

Gemeinsam.

Vielleicht kannte eine der anderen ja auch einen schönen Roman …

Cornelia Schade

Eingehüllt in Musik

Endlich wieder raus! Endlich wieder Leute treffen, ins Theater oder zum Konzert gehen! Sie freut sich auf den heutigen Abend.

Die Leverkusener Jazztage waren wegen der Pandemie zwei Jahre lang ausgefallen. Doch allmählich kehrt der Herzschlag der Kultur in die Stadt zurück.

Zwei Karten hat sie für das Konzert der Gruppe *crazy freilach* in der *Scala* in Opladen noch ergattern können; ein Insidertipp. Im Vorfeld hat sie gelesen, dass das Ensemble neue Wege suche, andere Musikstile einfließen lasse, sodass außergewöhnliche Klanggefüge aus »virtuosen Elementen, Improvisationen, Melodien aus dem Mittelmeerraum und lockere Beats und Grooves« entstünden.

Mit jüdischer Folklore hat sie sich nie beschäftigt, ein Konzert dieser Art noch nie besucht. Sie ist neugierig und gespannt.

Stunden hat sie heute vor dem Kleiderschrank verbracht, anprobiert, verworfen und wieder anprobiert. Letztendlich entschied sie sich doch für die Jeans und ein legeres Oberteil.

Als sie gerade mit ihrem Spiegelbild einigermaßen zufrieden ist, klingelt es zweimal. Das verabredete Zeichen: Betty wartet unten vor der Haustür.

Ursprünglich wollte sie heute mit Martina das Konzert besuchen. Aber die hat mal wieder abgesagt. Seit der Pandemie hat sie sich von den Medienberichten verrückt machen lassen. Die sonst so aktive und selbstsichere Freundin ist nicht wiederzuerkennen. Von einem Tag auf den anderen hat sie sich in ihrer Wohnung eingeigelt, jeden Ausflug abgelehnt, wollte nicht einmal mehr mit den Freundinnen frühstücken oder sich zum Abendessen einladen lassen.

Marga wirft noch einmal einen Blick in den Spiegel. Nicht jetzt!

Nicht jetzt darüber nachdenken. Der heutige Abend gehört mir. Habe ich die Karten dabei? Den Negativtest eingepackt? Das Portemonnaie? Die Schlüssel? Alles da. Sie ist aufgeregt, als würde sie heute selbst auf der Bühne stehen.

Betty begrüßt sie mit einem bewundernden: »Flott siehst du aus!«

»Du aber auch!«, gibt Marga zurück.

»Wir machen uns heute einen schönen Abend! Wer weiß, vielleicht lernen wir ja einen netten Mann kennen!« Betty hakt sich bei Marga ein.

»Nur einen?«, kontert Marga.

Beide Frauen lachen.

In wenigen Minuten erreichen sie das *Scala*.

Während Betty gute Plätze sichert, steuert Marga auf die Theke zu. Hier ist Selbstbedienung angesagt, und die junge Frau hinter dem Tresen hat alle Hände voll zu tun.

»Zwei *Aperol Spritz*, bitte!«, ruft Marga ihr zu.

»Moment bitte, hier wird aber nicht vorgedrängelt!«

Marga dreht sich zu der dunklen Stimme neben ihr um.

»Sehr gern nach Ihnen«, erwidert sie lächelnd.

Für einen winzigen Moment schauen sich beide an.

›Schöne Augen‹, denkt sie, und im selben Augenblick hört sie, wie er die Bestellung aufgibt: »Zwei Aperol Spritz für die Dame hier und für mich zwei große Kölsch!«

Marga lächelt, bezahlt ihre beiden Getränke und drängelt sich zu Betty durch, die Plätze an einem Stehtisch mit guter Sicht auf die Bühne erwischt hat.

»Keine Sitzplätze?«, Marga schaut sich um.

Das Publikum steht in Grüppchen verteilt im Saal, Getränke in der Hand, wartend, dass die Band die Bühne betritt.

»Einen Stuhl wirst du nicht brauchen«, antwortet Betty. »Glaub mir. Oder soll ich …«

»Alles gut«, unterbricht Marga. »Wir können unsere Getränke abstellen. Lass uns auf einen unterhaltsamen Abend anstoßen.«

In diesem Augenblick betritt die Band unter Beifall die Bühne. Der Klarinettist ergreift das Mikrofon und verkündet, dass es eine Riesenfreude sei, nach langer Konzertabstinenz wieder auftreten zu können. Behutsam werden warmherzige Melodien angespielt, Passagen kommen ihr bekannt vor. Marga ertappt sich dabei, dass sie leise mitsummt und ihren Körper leicht wiegt. Die fünf jungen Leute auf der Bühne versetzen sie schon nach kurzer Zeit mit Geige, Kontrabass, Gitarre, Klarinette und Gesang in eine Welt der Musik.

Marga denkt an Martina. Das hätte ihr auch gefallen. Warum war sie nicht hartnäckiger gewesen?

»Dürfen wir unser Bier mal kurz bei Ihnen abstellen?«, eine bekannte Stimme reißt sie aus ihren Gedanken.

»Klar, hier ist noch Platz am Tisch!«, kommt Betty ihr zuvor.

»Aber nicht drängeln!«, ergänzt Marga und schaut lächelnd in die Augen des Gentlemans von der Theke.

Er lacht. »Ich bin Udo. Und das ist Martin.« Er zeigt auf den Mann neben sich.

»Betty. Marga.«, beeilt sich Betty zu entgegnen. Leise flüstert sie Marga zu: »Habe ich irgendwas verpasst?«

Marga zuckt mit den Schultern. Für ein Gespräch ist die Musik viel zu laut. Und eigentlich will sie auch nicht sprechen, sondern Musik hören und fühlen, sie genießen.

Das Publikum erlebt ein Feuerwerk von Emotionen. Die Bandmitglieder lassen ihre Instrumente über die Bühne tanzen, weinen, jubeln und himmelhoch jauchzen. Emma Fridman gelingt es, mit der Geige scheinbar mühelos verschiedene Temperamente auszudrücken. Daniel Hessel sorgt mit dem Kontrabass für den Herzschlag der Musik. Er bildet gemeinsam mit Julian Hilgerts soundverstärkender Gitarre die Basis der Songs. Die magische Stimme von Jeannine Engelen lässt das Publikum Raum und Zeit vergessen. Einige drehen sich, tanzen, die Musik hat sie gepackt. Simon Boos, der mit der Klarinette die Zuhörer in den Bann zieht, übernimmt die Moderation und erzählt die Geschichte eines besonderen Musikstücks, das sie 2016 von einer Israelreise mitgebracht und neu arrangiert hätten, ein Verdienst vor allem von Julian Hilgert, wie er berichtet. Sie spielen das Lied. Marga spürt Gänsehaut auf ihrem Körper. Die Töne hüllen sie wohlig ein. Sie schließt die Augen. Hört ein Meeresrauschen und sieht sich spazieren gehen, nachdenklich und auf der Suche. Das kraftvolle Zusammenspiel der Instrumente löst Spannungen. Sie fühlt, wie sich ihr Herz öffnet. Als sie Jeannine Engelens Gesang vernimmt, rollen Tränen über ihr Gesicht. Jemand stupst sie sanft. Udo ist näher an sie herangerückt und reicht ihr ein Taschentuch.

Ohne ihn anzuschauen, nimmt sie es und tupft die Tränen ab, dabei lehnt sie sich für einen Augenblick an ihn. Es fühlt sich gut an.

»Was für ein Lied! Das geht unter die Haut!«, ruft Betty aus, als das Stück zu Ende ist und der Beifall nicht enden will.

»Vielen Dank, vielen, vielen Dank. Das Lied *Katonti* ist ein Herzstück unseres Repertoires geworden. Aber auch unser nächstes Lied wird euch gefallen. Und vielleicht lädt es zu einem *Fire Dance* ein. Viel Spaß!«, fordert Simon das Publikum auf.

»Meine Damen, auf zum *Fire Dance*!«, ruft Udo und zieht Marga vom Tisch weg. Betty und Martin folgen ihnen. Zu viert tanzen sie nach den Klängen der Musik. Nach und nach reihen sich mehr Tanzwillige in die Vierergruppe ein, bis ein großer Kreis entsteht und alle ausgelassen der Stimmung der Töne folgen. Dieses Mal gibt es auch Beifall von der Bühne an das Publikum.

Der nächste Song gönnt den Tanzwilligen eine kurze Verschnaufpause.

»Ich bin das erste Mal bei einem solchen Konzert dabei«, erzählt Udo, »Martin hat mich überreden müssen.«

»Ich auch. Aber nach den zwei Jahren Kulturabstinenz musste es einfach sein«, erwidert Marga.

»Ich bin froh, hier zu sein.« Udo schaut Marga an.

»Ja, die Musik geht einem zu Herzen.«

»Ich meine, nicht nur wegen der Musik.«

Marga lächelt verlegen. In diesem Moment ist sie froh, dass Martina nicht dabei ist. Mit ihr hätte sie Udo garantiert nicht kennengelernt. Sie hätte es zu verhindern gewusst. Dessen ist Marga sich sicher.

Betty ruft: »*Happy Nigun*, eines der schönsten Tanzlieder. Kommt!«

Martin und Betty holen Udo und Marga wieder zum Tanzreigen in die Saalmitte.

Diese wunderschöne Mischung der Instrumente macht Lust auf mehr. Der Saal tobt und brodelt. Band und Publikum scheinen miteinander zu verschmelzen.

Auch Marga und Udo lassen sich von der Welle tragen.

Nigun – die Sprache der Seele. Der Weg zur Veränderung des Selbst. ›Willkommen, neues Leben‹, dachte Marga.

Ganz schön verrückt – crazy freilach. © crazyfreilach.de

Hans Schmitz

Wie Rock 'n' Roll am Lagerfeuer

»Sex & Drugs & Rock 'n' Roll – die andere Seite – Geschichten, Anekdoten, Skurriles und Musik – Michael Schmettkamp & Hans Schmitz; im Rahmen der 8. Leverkusener Buchwoche *Levliest* am 25.04.2015 um 19:30 Uhr«

Das Plakat mit unserem Foto hängt direkt neben der Eingangstür des Hochbunkers. Wir betreten den Innenraum, tragen Kisten, Lautsprecherboxen und die Gitarren die Waschbetontreppen hoch. Im ersten Stock sind die Räumlichkeiten der Leverkusener *Studiobühne*, hier werden wir gleich auftreten.

Wir laden unser Equipment ab, werfen einen Blick auf die fünfzig Zuschauerplätze, die direkt vor der Bühne in aufsteigender Form angeordnet sind und bald von interessierten Menschen besetzt werden.

»Hoffentlich bleiben die nicht alle leer!« Optimismus ist nicht mein vorrangiger Charakterzug.

»Da werden genug kommen, wir haben doch was zu bieten!« Michael sieht die Dinge entspannter. Wir beginnen mit dem Aufbau. Bernhard nimmt als Techniker die Stromanschlüsse in Augenschein, und kurz darauf verlegen er und Michael die Kabel, schließen Mikros und Gitarren an. Ich kenne meine Grenzen, halte mich aus dem technischen Gefummel lieber raus und stimme stattdessen meine Gitarre. Da wir Passagen aus Musikerbiografien vortragen und dazu die passende Musik spielen werden, haben wir als Ergänzung für Interessierte jede Menge Bücher aus Michaels Fundus mitgebracht, die ich als Dekoration am Bühnenrand aufbaue.

»Bin gespannt, ob das funktioniert, Geschichten und Musik!«

»Klar, das wird richtig gut, das wird ein geiler Auftritt! Lagerfeuer!«

»Dein Wort in Gottes Ohr!«

»Lagerfeuer« – unser Stichwort für die spezielle Art, mit anderen Menschen über die Musik zu kommunizieren. So wie früher eben, wenn wir am Lagerfeuer gemeinsam Lieder gesungen haben.

Ich bin aufgeregt, so oft bin ich auch noch nicht vor Publikum aufgetreten und dann auch noch mit diesem Experiment. Gitarre und Gesang ist das eine, aber Musik und Geschichten über Musiker und deren Werke? Wir werden sehen. Noch haben wir knapp zwei Stunden Zeit bis zum Start, wir können es ruhig angehen lassen. Ich gönne mir noch eine Tasse Kaffee, setze mich auf einen Besucherplatz und lasse meinen Gedanken freien Lauf …

*

… und befinde mich auf einmal im Jahr 1978. Im tiefsten Niedersachsen, mitten in der Lüneburger Heide. Mit meinem Freund Leo wanke ich über die Straßen des Garnisonsstädtchens, an akkurat gepflegten Vorgärten vorbei über die mit Panzerplatten ausgelegte Straße zurück zur Kaserne. Im Café Hollmann haben wir uns darüber hinweggetröstet, dass wir uns, statt zu verweigern oder einen uns wohlgesinnten Orthopäden aufzutreiben, der uns für untauglich erklärt hätte, auf den Wehrdienst bei der Bundeswehr eingelassen hatten, was schließlich dazu führte, dass wir nun fünfzehn schmutzige, sinnbefreite Monate in diesem Kaff verbringen mussten. Das Café Hollmann ist für uns mehr als eine Rettung, hier können wir auf roten Plüschsesseln wenigstens kurzzeitig der sonst üblichen Biersauferei entkommen, indem wir, befeuert durch Irish Coffee, anspruchsvolle philosophische Diskussionen pflegen und den olivgrünen Alltag wenigstens für kurze Zeit hinter uns lassen können.

An der Kaserne angelangt, zeigen wir die Truppenausweise vor und begeben uns zur Unterkunft. Leo will nur noch ins Bett, ich bringe meine Jacke ins Auto und komme etwas später an der Stammkompanie an. Kaum habe ich den Flur betreten, wird die Tür des Unteroffizier-vom-Dienst-Zimmers aufgerissen, Stabsunteroffizier Winkler wankt heraus und baut sich vor mir auf. Das Gesicht gerötet, die sonst so schneidende Stimme durch ein gewisses Lallen abgemildert, raues Lachen und Wortwechsel aus dem Hintergrund – im UvD-Zimmer steppt offensichtlich der Bär.

»Geffreider Schmitz, ähm, gut, dasssie komm…«

›Was wird das jetzt?‹

»N'Ahmd Stuffz, was gibt's?«

Ich werde mich nie daran gewöhnen können, selbst in Zivilklamotten mit meinem Dienstgrad angesprochen zu werden.

»Sie spielen doch Gitarre, oder…?«

›Häh?!‹ »Ja, stimmt.«

»Wissense, wir ham heute hier 'ne kleine Zusammenkunft. Is gemütlich, aber irgendwie fehlt … ähm, Musik. So ein bisschen Musike, das wär's jetzt! Verstehense?«

Oha, ich verstehe tatsächlich, frage aber sicherheitshalber noch mal nach: »Ich soll … meine Gitarre holen und … Musik machen?«

»Genau! Gibt auch Bierchen. Is gemütlich – kommse, würd uns freun!«

»Na gut, ähm – bis gleich.«

Er schlurft zurück und ich in den ersten Stock. Auf der Stube zocken die Jungs einen zünftigen Skat.

»Hey Hans, machste mit?«

»Nö, ich mach jetzt Musik im UvD-Zimmer!«

Mehrere Kinnladen fallen runter.

»Häh? Nicht dein Ernst?«

»Winkler hat mich gerade gefragt. Scheint ordentlich getankt zu haben. Mal sehen, wie das so wird.«

»Und morgen reißt er dir wieder den Arsch auf!«

Ich zucke mit den Schultern, hole die Gitarre aus dem Spind und packe für alle Fälle die *Student für Europa*-Liederbücher ein – Textsicherheit war noch nie meine Stärke, und bei so einem prominenten Publikum soll schließlich nichts anbrennen. Ich nicke den Jungs nochmal zu und gehe wieder. Unten angekommen, zögere ich kurz, dann gebe ich mir einen Ruck und öffne die Tür.

Ein Nebel aus Zigarettenqualm und Bierdunst empfängt mich. Bestimmt zehn Männer in olivfarbenen Arbeitsanzügen »BW-einfach« haben sich am großen Resopal-Tisch versammelt, die Aschenbecher quellen über, der Tisch ist voller Bierflaschen.

»Da isser ja, der Musiker…« Hauptfeldwebel Strack strahlt übers ganze Gesicht. Nu aber man los! Wir sitzen hier gerade so gemütlich zusamm'!«

Die anderen prosten mir zu, und schon steht eine geöffnete Flasche Bier vor mir. Ob dieses Getränk mit den Irish Coffees von vorhin kompatibel ist, wird sich im Laufe des Abends herausstellen.

Ich positioniere mich auf dem Stuhl an der vorderen Tischecke, lege meine Liederhefte ab und stimme die Gitarre.

»Gezz wolln wir aber wat hörn, Schmitz – Wir sind ja so wat von gespannt.«

Unteroffizier Stachowiak aus dem Duisburger Norden kenne ich eigentlich nur, wenn er mit heiserer Stimme seine Befehle bölkt. So locker wie heute habe ich ihn noch nicht erlebt. Trotzdem traue ich dem Braten nicht so richtig und beschließe, erst mal auf der Hut zu sein. Andererseits … was soll passieren? Die sind alle stramm wie die Haubitzen, und wenn es ihnen nicht passt, was ich spiele, kann ich mich ja jederzeit verabschieden. Auch werde ich den Teufel tun, eines dieser Lieder anzustimmen, mit dem sie uns so gern beim Marschieren quälen – Wenn sie *In Junkers Kneipe, Aus grauer Städte Mauern* oder gar *Schwarzbraun ist die Haselnuss* hören wollen, können sie gern 50 Pfennig in die Musikbox der Kantine werfen und sich die entsprechenden Heino-Singles anhören – Bei mir sind sie an der falschen Adresse, und das hier ist vorbei, bevor es überhaupt angefangen hat.

Ich starte mit der klassischen Fingerübung für den Gitarrenanfänger – das Lied über einen Puff in New Orleans scheint mir für diese rauchgeschwängerte Bude angemessen zu sein: *House Of The Rising Sun* – A-Moll, C, D, F, A-Moll, C, E und so weiter. Obwohl sie alle weiterquatschen, sieht der ein oder andere rüber, es werden Daumen gehoben, und es gibt sogar Applaus.

»Sehr schön, Schmitz, klasse!« Feldwebel Maier kennt offensichtlich auch andere Musik als die aus der Formalausbildung, ich bin beeindruckt. Ich mache weiter mit *Colours* von Donovan, Folk-Traditionals wie *Midnight special, Sixteen tons* –, bis ich schließlich bei meinem absoluten Favoriten Bob Dylan angekommen bin. *Hey Mr. Tambourine Man, Don't think twice, it's alright.* Und meiner ganz speziellen Version von *Hurricane* aus Dylans neuem Album *Desire.* Dezent versuche ich, das Näseln des Meisters zu imitieren. Vermutlich würde dieser Vortrag in irgendeiner Künstlerkneipe auf heftigsten Protest stoßen – »No one sings Dylan like Dylan!« –, doch hier gibt es freundlichen Beifall. Der ein oder andere brummt sogar mit. Aber als ich dann zu *Blowin' in the wind* übergehe und auch hier tüchtig mitgesummt wird, habe ich auf einmal eine Idee. Friedenslieder, hier, mitten in einem verräucherten, bierdunstigen UvD-Zimmer, das wäre doch mal was! Mal schauen, wie die alten Kommissköppe reagieren, mehr als rausschmeißen können sie mich ja nicht. Nachdem ich also singend gefragt habe, wie viele Kanonenkugeln noch fliegen müssten, bevor sie für immer verbannt wären, oder wie vieler Tode es noch bedürfe, damit die Menschheit versteht, dass zu viele Menschen im Krieg gestorben sind, gehe ich als Nächstes zum Vorabend der Zerstörung über, zur explodierenden östlichen Welt, zur Ansprache an den unbekannten Soldaten, der noch zu jung zum Wählen, aber alt genug zum Töten ist – *Eve of Destruction*, vor allem bekannt in der Version von Barry McGuire, dessen Reibeisenstimme ich nachzuahmen versuche. Und – was passiert? Nichts, außer gemütlichem Mitsummen, Applaus, einer weiteren geöffneten Bierflasche, die den Weg zu meiner Tischecke findet und mit deren Inhalt ich meine Stimme funktionsfähig halte. Jetzt aber: *Universal soldier* von Buffy Sainte-Marie, das Lied über den universellen Soldaten, der im Glauben handelt, er kämpfe für den Frieden, dabei aber nie erkennt, dass er selbst Teil des Problems ist. Den letzten Satz, in dem die »brothers« gefragt werden, ob sie denn nicht sehen könnten, dass das Handeln des *Universal soldier* nicht der Weg sein kann, dem Krieg ein Ende zu setzen, intoniere ich a capella, begleitet durch einen intensiven Blick in die Runde, bevor ich das Lied bedeutungsschwer mit dem letzten Akkord zum Abschluss bringe. Und wieder: Klatschen, zustimmendes Nicken und Brummen, die Gespräche gehen weiter. Merken die Herren Zeit- und Berufssoldaten eigentlich nicht, was ich hier von mir gebe? Ich lache mich innerlich kaputt – was für eine kuriose Situation –, da kann ich meinen Kumpels am Wochenende einiges erzählen. Gut, war ja bisher alles in Englisch. Könnte der Grund sein. Deshalb jetzt aber mal unser aller Marlene Dietrich: *Sag mir, wo die Blumen sind.* Als auch hier mitgesungen wird und zustimmender Applaus kommt, wird mir klar, das komplette Repertoire kann raus. *Masters of War, This land is your land* in der Vietnam- und Indian-Version*, Down by the Riverside, We shall overcome* und was die *Student für-Europa*-Heftchen sonst noch so an Friedensliedern vorhalten.

Es wird ein langer Abend. Ich muss mich zwischendurch immer wieder zwicken, um mir klarzumachen, wo ich bin. Um mich herum die Typen, die mir sonst permanent mit ihrer militärisch-formalistischen Sprache und den hierarchischen Muskelspielchen auf die Nerven gehen und von denen ich niemals erwartet hätte, dass sie so begeistert mitgrooven und total entspannt den Abend verbringen würden. Fast fühlt es sich an wie mit meinen Kumpels am Lagerfeuer. Natürlich komme ich auch anderen Wünschen nach, und so befassen wir uns auch musikalisch damit, wie es ist, vor Madagaskar zu liegen und die Pest an Bord zu haben, oder in Hamburg einen »Veermaster« zu sehen und wie mit einem betrunkenen Seemann am frühen Morgen umzugehen ist. Am Ende erfahren die *Student für Europa*-Heftchen eine schlüssige Ergänzung durch große Teile des klassischen *Mundorgel*-Repertoires.

Nur Heino will tatsächlich keiner hören.

Als wir in tiefer Nacht schließlich auseinander wanken, verabschiedet sich jeder Einzelne bei mir, bedankt sich für meinen Beitrag zu diesem gemütlichen Abend, läuft meine Schulter mehrfach Gefahr, zertrümmert zu werden. Voller Adrenalin kann ich es immer noch kaum fassen, was hier abgegangen ist, mit welchem Repertoire ich aufgeschlagen bin und wie es die Musik ermöglichte, diese verrückte Bande einmal ganz anders zu erleben.

Oder, um es mit John Lennon auszudrücken: *Give peace a chance!*

*

»Soundcheck! Kommst du?«

Ich schrecke hoch. Michael steht vor mir.

»Alles klar!«

Ich begebe mich zur Bühne, wir spielen einige Stücke durch. Bernhard reguliert den Ton, geht umher, prüft, wie es sich anhört. Nach einiger Zeit stellen wir die Gitarren wieder zur Seite. Michael und ich klatschen uns ab.

»Das wird gut, glaub mir, das wird ein geiler Auftritt!«

»Schauen wir mal, ich hoffe, es kommen genug Leute, die sich das anhören wollen, ist ja nicht nur Musik.« Aus meiner Sicht dürfte es jetzt losgehen. Allerdings haben wir noch eine Stunde bis zum offiziellen Start. Ich hole mir noch einen Kaffee und verziehe mich erneut auf den Besucherplatz. Michael sortiert noch einmal die Bücher, die als Dekoration am Bühnenrand liegen. Und ich stelle mir die Frage, ob ich überhaupt hier wäre, wenn ich ihn nicht vor einigen Jahren kennengelernt hätte …

*

… 2007, in einem Business-Hotel bei den Kölner Messehallen. Vollge-
futtert. Den ganzen Tag Fingerfood, Kuchen und zum Abschluss noch
Büffett. Dazu Kaffee ohne Ende, am Mineralwasser diskret vorbei,
obwohl es gesünder wäre. Egal. Das wichtigtuerische Geschwätz der
selbsternannten Experten, das den ganzen Tag ohne Unterlass von der
Bühne ins Auditorium plätschert, ist kaum anders zu ertragen als mit
viel starkem Kaffee, allein schon, um wach zu bleiben. Ich nuckele an
meinem *Côte du Rhône* und blicke in den Saal. Wieso bin ich eigentlich
immer noch in diesem Berufsverband? Gut, man trifft sich, freut sich,
den einen oder die andere wiederzusehen, tauscht sich aus, hört, was
es Neues gibt. Aber alles für ein Schweinegeld – Jahresbeitrag, Veran-
staltungen wie dieser Kongress: zwei Tage Hotelaufenthalt, Catering
und am Abend noch ein rauschender Abschluss mit Band. Letzteres
allerdings wieder auf der Haben-Seite. Gute Musik entschädigt für
vieles. Abrocken oder einfach nur dasitzen, die Krawatte lockern, Wein
trinken, noch einen Espresso bestellen und mitwippen, bei den Gas-
senhauern der Sechziger und Siebziger, als es noch gute Rockmusik
gab. Die Band spielt gerade *Satisfaction* von den *Rolling Stones*, da reißt
es mich auch vom Stuhl, ich hänge mein Sakko über die Lehne und
begebe mich in die zappelnde Menge. Weiter mit *Long Cool Woman*,
danach *No woman, no cry* und so geht es eine ganze Weile weiter. Die
Band kommt nach ein paar Zugaben schließlich zum Ende. Völlig
durchgeschwitzt kehre ich an den Tisch zurück. Ich nehme einen
Schluck Wein und bestelle noch ein Wasser. Nach der Tanzerei bin
ich aufgekratzt und habe keine Lust, mich aufs Hotelzimmer zurück-
zuziehen. Die Musiker beginnen gerade, die Instrumente abzubauen,
da sehe ich ihn, wie er auf die Bühne klettert. Woher kenne ich ihn?
Mir fällt ein, er gehört zur selben Regionalgruppe wie ich, ich kenne
ihn vom Sehen, komme allerdings nicht auf seinen Namen. Was macht
er da? Er spricht mit dem Leadgitarristen, auch Mitglied unseres Ver-
bands, und auf einmal sehe ich, wie der ihm eine Gitarre reicht, ein
kurzes Schulterklopfen, und schon ist er von der Bühne runter, verzieht

sich in eine Ecke des Saales und klimpert vor sich hin. Das interessiert mich, und ich mache mich in seine Richtung auf. Mittlerweile haben sich weitere Menschen dazugesellt. Und er legt los, mit bekanntem Repertoire wie *Lay down Sally, It never rains in California* – Er spielt und singt gut, das gefällt mir. Ich setze mich dazu und singe mit. Er blickt auf, strahlt, wir singen weiter, und es kommen immer mehr dazu.

»Super, Michael!«, ruft einer der Umstehenden. Da fällt mir ein, um wen es sich handelt: Michael Schmettkamp aus der Kölner Regionalgruppe, jetzt habe ich ein Gesicht dazu. Es geht weiter mit *Proud Mary*, ich singe in der zweiten Stimme mit. Erneut schaut er zu mir herüber, merkt anscheinend, dass es mir in den Fingern gejuckt hat.

»Spielst du auch?«

»Ja, n' bisschen…« Ohne meine Texte fühle ich mich nicht wirklich sicher, aber … egal.

»Hier!«

Er reicht mir die Gitarre, und schon lege ich los mit *Sixteen Tons,* und alle summen mit. Die Strophen, die mir nicht einfallen, ersetze ich, indem ich die ersten wiederhole, so wichtig ist Textsicherheit hier jetzt nicht.

Immer mehr Interessierte gesellen sich zu uns. Regelmäßig wechselt die Gitarre zwischen Michael und mir. Spätestens bei *La Bamba* und *Country Roads* kommt so etwas wie Lagerfeuerstimmung auf – natürlich ohne Feuer. Bis jemand die Idee hat, alle verfügbaren Teelichte von den Tischen abzuräumen und auf dem Boden zu drapieren und so einen perfekt leuchtenden Lagerfeuerersatz zu schaffen, um den sich die immer größer werdende Gruppe versammelt. Das ist der schlagende Beweis, dass unter den Krawatten letztlich doch die Rock-'n'-Roller-Herzen schlagen. Auf jeden Fall wird hier jetzt authentischer kommuniziert als bei dem Gequatsche der letzten Tage. Immer mehr stoßen hinzu, und im Flow erleben wir, wie Gesang und Gitarrenspiel den ganzen Veranstaltungsraum erfüllen und den krönenden Abschluss der beiden Kongresstage bilden. Irgendwann sind die Teelichte verlöscht, und das Miteinander findet ein Ende. Der Pulk löst sich auf, alle streben nach draußen. Ich kann es kaum fassen, wie die Musik vermocht hat, bei den smart bis arrogant wirkenden Schlipsträgern ganz andere Seiten hervorzubringen.

»Wie am Lagerfeuer!«

Michael war mindestens so durchgeschwitzt wie ich.

Ich nicke und blicke dem großen Chor hinterher, der sich gerade in Richtung Ausgang bewegt.

Wir verabschieden uns.

»Bis bald, wir sehen uns, das müssen wir wiederholen. Da machen wir was draus!«

»Schauen wir mal!«

»Hey, das war eine Super-Stimmung! War doch irre, wie die Leute mitgegangen sind! Also bis bald!«

Wir klatschen uns ab, er macht sich auf den Heimweg, und ich hole mein Sakko, um mich beschwingt in Richtung Hotelzimmer zu begeben.

Ich ahne, dass aus dieser Begegnung mehr werden kann.

*

»Sollen wir die Zuschauer reinlassen?«

Die Kollegin der Studiobühne geht nach unten, um das Absperrtau zu entfernen, was den Zuschauern signalisiert, dass es losgeht und sie ihre Plätze aufsuchen können. Michael und ich greifen zu den Gitarren und beziehen Position, Bernhard zieht sich an die Technik zurück. Es wird ernst.

An die fünfzig Menschen haben den Weg hierher gefunden und suchen die Plätze auf. Trotz des grellen Scheinwerferlichts erkenne ich den einen oder die andere, die uns lächelnd zunicken.

»Haut rein ihr zwei, gebt alles!« Da haben es tatsächlich einige aus meinem Dorf hier nach Opladen geschafft. Freundliches Grüßen auch von den Kolleginnen und Kollegen der Studiobühne, die dabei sind, nachdem sie bei der Organisation geholfen haben. Nach einigem Getuschel und Einnehmen der Plätze wird es schließlich ruhig.

Ich begrüße alle, danke den Mitgliedern der Studiobühne für ihre Unterstützung und spreche einleitende Worte für unsere Lesung mit Musik. Wir starten musikalisch mit *Behind blue Eyes* von *The Who*, ergänzen das Stück im Anschluss durch Passagen aus Pete Townshends Biografie *Who I am*. Und so arbeiten wir uns durch verschiedene Künstlerbiografien durch, berichten unter anderem über Eric Claptons Engagement für eine Suchtklinik auf Antigua, über Neil Youngs Benefiz-Konzerte für die *Bridge School*, über Johnny Cash, der mit sechzig noch einmal mit jungen Rockstars und Bands durchstartete. Wir lassen den Woodstock-Auftritt von *Creedence Clearwater Revival* Revue passieren, und das Publikum erfährt, aus welchen Gründen Bruce Springsteen den Auftritt bei genau diesem *Love & Peace*–Event einst verpasste. Auch ein Local Hero ist dabei: Aus Wolfgang Niedeckens Biografie tragen wir die Passage vor, in der er und »Major« Klaus Heuser sich bei einem frühen Auftritt von *Bap* in der Eifel an der Pissrinne einer Kneipe begegneten und der »Major« sich selbst als Gitarrist für die Band ins Spiel brachte. Und dazwischen immer wieder die Musik der Protagonisten, mit zwei Gitarren, Gesang und Michaels Harp. Das Publikum geht lebhaft mit, über kuriose Szenen wird gelacht, und bei der Musik wird mitgegroovt, geklatscht und mitgesungen. In einer der letzten Szenen geht es um die Erlebnisse der *Rolling Stones* im Südstaaten-Bibelgürtel der USA, als die Bandmitglieder in einem Auto voller Drogen von der Polizei aufgegriffen wurden und vor Gericht und einem betrunkenen Richter landeten, bevor sie durch einen befreundeten Anwalt aus der misslichen Lage befreit wurden. Wir enden schließlich mit Bob Dylan und beziehen uns auf ein Buch, das sich ausschließlich mit der Entstehung des Songs *Like a Rolling Stone* befasst, und mit genau diesem Stück beschließen wir auch unser offizielles Programm. Die Zuschauer haben uns jetzt tatsächlich an die zwei Stunden gelauscht. Trotzdem wird lautstark nach Zugaben verlangt. So gibt es weitere Stücke aus unserem Repertoire, wie *Knockin' on Heavens Door*, *With a little help from my friends*, immer gern genommen, um allen Helfenden und Unterstützenden der Veranstaltung zu danken. Und das Publikum ist begeistert dabei. Da ist sie wieder, die vielzitierte Lagerfeueratmosphäre. Es wird geklatscht und mitgesungen. Es fällt schwer, dass wir uns schließlich der Realität stellen und irgendwann diesen Flow beenden müssen. Mit *Hey Jude* von den *Beatles* machen wir schließlich den Deckel drauf, wobei wir das abschließende »La, la, lalala la«, das vom Publikum in voller Lautstärke mitgesungen wird, lange herausziehen. Wir genießen den langen, begeisterten Applaus, verbeugen uns mehrfach, dann ist es vorbei.

© Michael Schmettkamp
Campfire Connection Cologne: Michael Schmettkamp (l.) und Hans Schmitz (r.) – Auftritt im Krankenhaus-Radio, Köln-Porz www.echofunk-porz.de am 21.09.2019

Wir halten einen Moment inne. Ich fühle mich wieder ein bisschen wie bei der Friedensliederaktion beim Bund oder wie damals im Hotel, als wir mit einer Gitarre und zwei Stimmen in kurzer Zeit eine Super-Session hatten. Mir geht durch den Kopf, dass das erste Zusammentreffen mit Michael vor einigen Jahren – frei nach Bogart in *Casablanca* – tatsächlich den Beginn einer wunderbaren Freundschaft markierte, ein kreatives Miteinander, das uns mit dem jeweiligen Publikum immer wieder spannende Formen der Kommunikation wie am Lagerfeuer erleben ließ und lässt. Nicht zuletzt deshalb haben wir unser Duo *Campfire Connection Cologne* genannt. Wir klatschen uns noch einmal ab und beginnen mit dem Abbau des Equipments.

Was ein geiler Abend!

Das Zusammenspiel

Sie erwischt mich auf dem falschen Fuß, als sie freudig erregt in den Hörer spricht, sie wolle ein Lied über Organtransplantationen singen. Die Liedermacherin aus der Waldsiedlung, die mit ihrem Pianeur seit sechs Jahren die Kleinkunstbühnen im Bergischen und am Niederrhein unsicher macht. Mit der ich gemeinsam, vielleicht ein wenig gewagt, ein Literatur-Musik-Projekt aus der Taufe heben möchte. Ein Text soll es sein, das Publikum einstimmen zu einem Lied, das sie eigens für die künstlerische Darbietung im Spätherbst komponieren will.

Ich, blauäugig, bin vor besagtem Anruf von einer kabarettistischen Parodie auf das Seelenleben einer Ü-was-weiß-ich-Jährigen ausgegangen. Von verpassten Chancen, zerrütteten Ehen, von welker Haut und ergrauten Haaren. Ein zweites Mal trifft mich der Schlag, als ich nur ein paar Abende später beim Zappen in der ARTE-Mediathek auf eine Dokumentation über die weltweit erste Herztransplantation stoße.

Wird sich die Liedermacherin daran erinnern, wie alles begann? Dass am dritten Dezember 1967 der südafrikanische Chirurg Christiaan Barnard die erste Herztransplantation bei dem aus Litauen stammenden Gemüsehändler Louis Washkansky durchgeführt hatte? Dass man das Herz der fünfundzwanzigjährigen Denise Darvall durch einen Stromstoß hatte wiederbeleben müssen? Sie war in Kapstadt auf dem Weg zum Bäcker von einem Auto angefahren worden. Am selben Tag noch hatten Ärzte den Hirntod festgestellt.

Die Kabarettistin aus der Waldsiedlung, die bei ihren Auftritten auch Trompete spielt, schickt mir einen Artikel, den sie aus der *Rheinischen Post* ausgeschnibbelt und gescannt hat. »Schicksal – Erster Lauf mit Spenderherz. Eine früher unsportliche Brasilianerin will mit dem

Herz eines deutschen Olympioniken ein Straßenrennen an der Copacabana laufen.«

Was will die Kleinkunstsängerin mir mitteilen?

„possebrunner" Stefanie Posse und Stefan Brunner. © *Andreas Brunner*

Barnards zweiter Transplantationspatient war der achtundfünfzig-jährige jüdische Zahnarzt Philip Blaiberg, der sich in Kapstadt zur Ruhe gesetzt hatte. Er schien dem verstorbenen Louis Washkansky im Wesen recht ähnlich zu sein, wie die *Bild*zeitung berichtete. Der

Pensionär liebte das Leben, hatte Freude an netter Gesellschaft, guter Literatur und Musik.

Wir treffen uns zu Kaffee und Gebäck bei ihr. Wollen näher erkunden, ob die Chemie zwischen uns stimmt und wie es nun endgültig um das Thema steht. Sie spielt mir schwungvolle Takte auf dem etwas mitgenommenen Standklavier vor.

Der Spender der zweiten Herztransplantation war der vierundzwanzigjährige Maschinist Clive Haupt. Am Neujahrsmorgen 1968, als kostümierte Tanz- und Sängergruppen dem Rhythmus der Kapellen des Coons, des Karnevals der farbigen Bevölkerung, folgten, vergnügte er sich am Strand beim Fußballspiel, bis er plötzlich taumelte und ohnmächtig zusammenbrach. Gehirnblutung hatte man diagnostiziert, aber das Herz war in guter Verfassung.

Als ob das alles so einfach gewesen wäre: die drohende Gefahr des Abstoßens eines fremden Herzens! Das eines Dunkelhäutigen im von Apartheit geprägten Kapstadt.

Die Leverkusener Musikerin hält mich auf dem Laufenden, mailt mir, dass die siebenundsechzigjährige Ivonette Bathazar sich in die Schicksalsgemeinschaft einfügt, das Herz des deutschen Sportlers aber mehr verlangt, als es die Brasilianerin bislang gewohnt ist. Die Rentnerin reißt sich zusammen, trainiert Dauerlauf und hält durch, bis sie an der Ziellinie vor Freude in Tränen ausbricht.

Brahms *Guten Abend, gut' Nacht* soll der jüdische Zahnarzt Philip Blaiberg nach überstandener Operation und ein paar Monate später als Gast bei einer südafrikanischen Fernsehsendung gesungen haben.

Was wird die Chansonnette auf der Bühne im Spätherbst singen?

Wird ihr mein Text genügen?

»Ich möchte Ihnen ein neues Lied vorstellen«, beginnt sie und tritt näher ans Mikrofon der Bühne im *Bürgerzentrum Villa Zündfunke*. »Vielleicht werden Sie sich erinnern.«

Der Pianeur lässt ein paar Halbtöne auf dem Klavier erklingen, dann legt die Liedermacherin aus der Waldsiedlung los.

Brigitta Buse

Lev Ron

Die Überschrift im Leverkusener Anzeiger war ihr sofort ins Auge gesprungen: »*Em Schokker* schließt am 28.1.2022 in der 5. Generation.« Die Hitdorfer Traditionsgaststätte mit dem Namen der alten Aalfangboote, zweite Heimat ihrer israelischen Tanzgruppe.

In dem Familienbetrieb waren die Gasträume besonders zu Weihnachten immer festlich geschmückt gewesen, ein Meer aus Lichterketten, Figuren und Lametta. Sie hatten es genossen, zusammenzusitzen und das Jahr mit Gedichten, Gesang und leckerem Essen ausklingen zu lassen. Natürlich wurde auch gewichtelt, jeder brachte etwas mit, und in manchen Jahren kam sogar der Nikolaus, Ehemann einer der Tanzschwestern, der die »Sünden« vorlas, lobte oder tadelte.

Mit der Schließung der Gaststätte ging wahrlich eine Ära zu Ende.

Sehnsüchtig dachte sie zurück an die Anfänge der Tanzgruppe, die in der Leverkusener Stadtgeschichte fest verwurzelt war.

Im September 1997 hatte sie das erste Mal von der Idee gehört, eine israelische Folklore-Tanzgruppe ins Leben zu rufen, und meldete sich direkt begeistert an. Von der so anders klingenden Musik, nach der noch heute in Israel getanzt wird, waren alle sofort fasziniert. Klezmer entfaltet einen Sog und trifft mitten ins Herz.

Jeden Montag probten sie nun in der Musikschule Leverkusen und lernten neue Figuren. Die Leiterin erklärte bei jedem neuen Kreistanz die Schrittfolge, während die Tänzerinnen versuchten, durch stetiges Wiederholen die tänzerischen Interpretationen zu verinnerlichen. Nur eine tanzte aus der Reihe.

Lächelnd erinnerte sie sich an die Kollegin, die in jeder Stunde erst einmal Stift und Papier auspackte.

Tanzgruppe Lev Ron. © B. Buse

»Was machst Du?«

»Bin ein visueller Typ, zeichne mir die Schritte auf.«

»Du sollst sie doch üben.«

Aber die Kollegin ließ sich nicht beirren, und als die Skizzen fertig waren, hatte sie die Schritte im Kopf und konnte sie sofort tanzen.

Ihren ersten öffentlichen Auftritt hatte *Lev Ron* auf der Geburtstagsfeier eines Stadtratsmitglieds, das die israelische Städtepartnerschaft zwischen Leverkusen und Nazareth-Illit maßgeblich mit eingefädelt hatte. Um die Lebensfreude der Musik und der Tanzmädels wirkungsvoll zum Ausdruck zu bringen, trugen sie extra bunte Kleidung, von einem Gruppenmitglied genäht.

Von da an konnten sie sich vor Anfragen kaum retten – und wurden sogar für ihre Leidenschaft bezahlt. Ob beim Bürgermeister oder beim Kulturdezernenten, bei Verabschiedungen von öffentlichen Amtsträgern und Verleihungen von Verdienstmedaillen, bei AWO-Festen von Köln bis nach Essen, in Altenheimen, zum Ehrenamtstag, zu privaten Geburtstagen und bei Abgeordneten, wie z.B. beim *Europa-Union-Meyer*, bei Gemeinde- oder Sommerfesten mit tausend Gästen, bei Synagogen-Gedenktagen oder dem Europafest im Morsbroicher Schloss, *Lev Ron* war immer dabei und sorgte für musikalische Abwechslung.

Einmal fand im Leverkusener Forum ein israelischer Abend statt, zu dem neben *Lev Ron* auch die Klezmer-Ensembles *Halake*, *Klezmer Chai* und der bekannte *Galron*-Chor aus Israel eingeladen waren. Die wehmütigen Klänge der Geige und der klagenden Klarinette, die vom Musikschulleiter gespielt wurde, wechselten sich mit den mitreißenden Melodien der Tanzformation ab. Es hielt die Gäste aus Israel nicht länger auf ihren Sitzen, sie sprangen auf, tanzten vor der Bühne mit und machten dem Gruppennamen alle Ehre. Denn der hebräische Begriff *Lev Ron* steht für ›singendes, springendes Herz‹. Aus den Reihen des *Galron*-Chors wurde der Formation dieser Name gegeben, weil ›Lev‹, das ›Herz‹, so gut zu ›Leverkusen‹ passte. Im Forum hatten sie ihre ersten stehenden Ovationen erhalten, aber definitiv nicht ihre letzten.

Während einer Reise in die Partnerstadt Nazareth-Illit lud der dortige Oberbürgermeister die *Lev Ron*-Damen sogar ins Rathaus ein. Im Park für die gefallenen Soldaten der vergangenen Kriege pflanzten sie Bäume, die mit ihren tiefen Wurzeln dauerhaft die Freundschaft zwischen den Völkern symbolisieren und mit Hoffnung auf Frieden wachsen und gedeihen lassen sollten.

Das waren schöne Zeiten gewesen. Leider hatte sich die Tanzgruppe aus Altersgründen mittlerweile auflösen müssen. Aber der freundschaftliche Kontakt ist weiterhin geblieben.

Und so machte sie sich mit beschwingten Klezmerklängen im Kopf auf den Weg in den Neulandpark, wo ebenfalls Bäume in Peace- und Freundschaftsgedanken gepflanzt worden waren. Denn Frieden kann es nie genug geben.

Shalom!

Frank Weidemann

Gitarrengespräche

Ben? Ben? Bäähen! Träumst du? Du verpasst deinen Einsatz.«
»Oooh. Die ist soo süß.«
»Wer ist soo süß?«
»Ulla!«
»Die Kleine aus Manchester? Na, das passt ja. Aber jetzt reiß dich zusammen und mach deinen Job, sonst wird der Chef sauer.« Kurt verließ die Kneipe, ging ein paar Schritte Richtung City, blieb stehen, atmete einmal tief durch und zündete sich eine an.

Die Friedrich-Ebert-Straße ruhte sich aus und schwieg.

Nur vom Stehtisch am Eingang des *Notenschlüssel* war ein diffuses Getuschel zu hören. Der Typ mit Kutte und Lederjacke hatte ein *Guiness* mit hinausgenommen und grinste zufrieden. Die kleine Blonde neben ihm passte optisch nicht so ganz ins Bild. Dünnes Kleidchen, knallrote Cowboystiefel mit Glitzersternchen, rosa Jäckchen – fein zurechtgemacht. Sie redete auf ihn ein, lachte etwas zu laut und versuchte, einen Schluck *Guiness* abzustauben. Den beiden schien's zu gefallen. Ein süßlicher Duft wehte zu Kurt herüber.

Da war es wieder gewesen. Diese Stimmen. Wie neulich im *Sensenhammer*. Er sollte wirklich weniger saufen und endlich mit dem Kiffen aufhören. Kurt ging zurück in den *Notenschlüssel*. Der Pub war rappelvoll, aber er konnte seinen Platz neben dem Klavier zurückerobern. Geiler Laden, die Wände vollgetackert mit alten Musikinstrumenten. Warum war er nicht schon eher auf die Idee gekommen, die kleinen, feinen Musikkneipen seiner Stadt zu besuchen. Livemucke tanken. So wie früher. Schade, dass Elfi nicht öfter mal mitkam. Ein kurzer Blick zu dem Typen hinterm Tresen, eine Geste zu seinem leeren Glas, und schon stand ein kühles, frisches *Kilkenny* vor ihm. Die Musiker hatten ihren Pausensnack vom *Zagreb* verputzt und bereiteten sich auf die zweite Halbzeit vor.

Reiner stimmte die *Martin*. Völlig entspannt saß er auf dem Hocker, nur bei sich und seinem Instrument. Der Ständer mit dem Banjo und einer weiteren Gitarre stand hinter ihm. Das Grundrauschen der Folk- und Whiskyfreunde vor der Bühne, rund um den Tresen und aus dem hinteren Teil des Pubs schien ihn nicht zu erreichen.

Auch Malcolm kam zurück auf die Bühne und griff zur Gitarre.

Seine Ukulele war nicht mehr zu sehen. Die beiden sahen sich an, kurze Absprache, Reiner stimmte an, und weiter ging's mit *Afghanistan*. Die zwei waren gut aufeinander eingespielt und hatten ihr Publikum im Griff. Das Inselbier floss reibungslos, gelegentlich wurde ein handverlesener *Single Malt* über die Theke gereicht, und die Gäste kamen sich näher. Der obligatorische Hut für die Musiker machte zum zweiten Mal die Runde, um auch den später dazugestoßenen Gästen Gelegenheit für ein Dankeschön zu geben. Kurt tauchte ein in diese spezielle Kneipenkuscheligkeit. Er war nicht der Einzige, der immer wieder sein Smartphone zückte und kleine Videosequenzen von den Musikern und dem Publeben filmte. Noch ein, zwei *Kilkennys*, mittrommeln, mitsummen, Zugabe, Deckel bezahlen und dann raus in die Nacht. Was für ein schöner Abend.

Als er nach Hause kam, schlief Elfi bereits. Kurt schlich in die Küche, machte sich einen Kaffee und fischte den Rest Zwiebelkuchen von gestern aus dem Kühlschrank. Nach Schlafen war ihm noch nicht zumute. Diese merkwürdigen Stimmen vorhin im *Notenschlüssel*. Ben und Ulla. Als er das erste Mal aus dem Pub gehen wollte, um eine zu quarzen, stand Reiner gerade bei Malcolm und diskutierte mit ihm über die Playlist der nächsten Songs oder so. Kurt wartete einen Moment am Bühnenrand vor Reiners Platz. In dem Augenblick war es relativ ruhig vor der Theke, weil alle etwas irritiert über die kurze Unterbrechung waren und darauf warteten, dass es weiterging.

Da hörte er Stimmen von der Bühne. Leise, aber unmissverständlich. Kurt war wie vom Blitz getroffen stehen geblieben. Spooky. War ihm das nicht schon einmal passiert? Letzten Herbst im *Sensenhammer*. Ein geiles Konzert war das damals gewesen. Ola van Sanders *Bad Penny* gemeinsam mit Reiner Lützenkirchen. Nach dem Gig wurden in der Schmiedehalle noch ein paar Kölsch oder Landbier genascht. Die Musiker packten entspannt ihren Kram zusammen und quatschten mit ihren Fans oder den Jungs vom Museumsteam, und Kurt hing mittendrin. Als die *Pennys* ihr Zeugs verstaut hatten, lagen nur noch Reiners Gitarrenkoffer und sein übriges Equipment vor der Bühne, und Reiner holte den VW-Bus an die Rampe. Kurt hatte sich angeboten, beim Einladen zu helfen, und bewachte die Fuhre.

Da hatte er es zum ersten Mal gehört. Bei den Gitarrenkoffern.

»Martin!«

»Was ist; Fendi?«

»Ich fühl mich heute so brummig«

»Was trägst du denn drunter? *Single Coil* oder *Humbucker*?«

Kurt lauschte.

Stille. Nichts mehr zu hören. Sehr merkwürdig.

Kurt hatte damals niemandem davon erzählt. Zwei Wochen lang keinen Schluck mehr angerührt.

Heute wieder diese Stimmen. Kurt war fertig. Er schüttete den restlichen Kaffee in den Abfluss. Ob er mal mit Elfi drüber reden sollte? Morgen war auch noch ein Tag. Er packte das Geschirr in die Spüle und schlich ins Schlafzimmer.

Was für ein schöner Morgen. Sonntag, der erste Mai. Kurt hatte Elfi ausschlafen lassen und sie mit einem Frühstück am Bett überrascht. Kam gut an. Die Balkontür stand auf, die Sonne und die Meisen am Futterhäuschen waren guter Dinge, und selbst die Wohnküche sog zufrieden den Duft von Eiern mit Speck ein. Good Vibrations. Elfi würde heute mit nach Monheim kommen. Reiner hatte vor drei Wochen im *Notenschlüssel* angekündigt, dass er zum Maifeiertag vor dem *Spielmann* in Monheim Arbeiterlieder vortragen würde, gemeinsam mit Lorena Helmer und Ola van Sander, dessen *Pennys* zu der Zeit auch ein paar Gigs im Rheinland spielten.

Als sie am Nachmittag endlich einen Parkplatz am Rand des Erlaubten und eines Fußwegs in die Rheinaue ergattert hatten, platzte Monheim aus seinen alten Mauern. Volksfeststimmung bis auf die Durchgangsstraße. Radler, Familien mit Kinder- und Bollerwagen. Der Kettcarverleiher grinste zufrieden, und da, wo die Stadt sich zum Rhein hin öffnete, roch es nach Fritten, Bier und guter Laune. Im *Spielmann* war Kurt bisher noch nie gewesen, aber nach ein paar Schritten Richtung Stadttor wusste er, wo sie hinwollten. Rechts vor ihnen leuchte ein knallroter Biergartenschirm der ehrwürdigen Firma *Früh* vor einem alten Fachwerkbau. Darunter Straßenmusik, Gitarre und Gesang. Vor dem Schirm Biertische, Bänke, entspannte Gäste.

Willkommen an der rheinischen Kölschkante. Links lockte der Duft frischer Fritten. Kurt trat an den Ausgabetresen. Einmal ist keinmal. Zur Begrüßung ein herrlich kühles *Ueriges* to go in einer schlanken Designer-Bügelverschlussflasche, lecker. Mit dem Wegbier in der Linken und Elfi an der Rechten schlenderte er zum *Spielmann,* und sie suchten sich einen Platz zwischen den Gästen.

»Manchmal träume ich schwer, und dann denk ich es wär Zeit zu bleiben und nun was ganz and'res zu tun, so vergeht Jahr um Jahr, und es ist mir längst klar, dass nichts bleibt, dass nichts bleibt, wie es war.«

Links unter dem Schirm erklang Reiners Stimme, die *Martin* in seinen Händen spielte wie von allein. Lorena setzte zum Refrain ein, danach die Leitmelodie mit der Mundorgel. Kurts Kopfkino ging auf Zeitreise. *Heute hier, morgen dort.* Wie Reiner da stand und sang, sah Kurt plötzlich den frühen Hannes Wader vor sich. Sein genialer, typischer, schnell gespielter Fingerpicking-Style, das Kapodaster auf dem zweiten Bund. Wie gern hätte Kurt als Teenager selbst Gitarre spielen gelernt, aber seit seine Eltern ihn viel zu früh mit der kleinen Westerngitarre in die Musikschule geschickt hatten, war der Drops gelutscht. Als Kind verschreckt vom strengen Unterricht, hatte er es später nie geschafft, sich wenigstens drei, vier Akkorde draufzuschaufeln, um am Lagerfeuer die Blicke der Mädchen auf sich zu ziehen wie der dicke Klaus. Aus und vorbei. Aber die Gitarre war immer »das« Instrument für ihn geblieben. Musik ohne Gitarre? No way. Als in den späten Siebzigern der Synthiepop aufkam und in den Achtzigern auch in den Charts und auf den Tanzflächen Mainstream wurde, war Kurt raus gewesen. Synthesizer haben keine Seele.

Aber heute war alles gut. Elfi und er genossen den Tag. Ola gab in 1a-Straßensängermanier ein Stück von Jesus und seinem Kreuz zum Besten, vereinzeltes streng katholisches Räuspern wurde von Gelächter und guter Laune übertönt. Kurt sah sich um – viele bekannte Gesichter, irgendwie familiär, aber so richtig zuordnen konnte er die Leute nicht. Erst als er vom Klo zurückkam und mit seinem Insiderwissen glänzen wollte: »Das Kölsch ist alle, nimm doch ein *Kilkenny*«, und der Typ von gegenüber ihn so komisch ansah, fiel es ihm ein. Die kannte er aus dem *Notenschlüssel*. Na, prima.

»It ain't no use to sit and wonder why, babe, it don't matter anyhow« – Kurt war plötzlich wieder 15, saß mit Jens auf der Couch und lauschte der Musik von Jens' großem Bruder. »You're the reason I'm travelling on. Don't think twice, it's all right.«

Lorena hatte es wirklich drauf. »It ain't no use in turning on your light, babe. That light I never knowed …« Die Zeitreise ging weiter. Nicht nur Dylan konnte Dylan. Was für ein geiler Mix aus guter alter Mucke und Arbeiter- und Protestliedern. *Bella Ciao* in einem deutsch-italienischen Zwiegespräch. *Sacco und Vanzetti* mit fundierten Erläuterungen zur Geschichte des Liedes. Das war seine Welt. Kurt sang leise mit. Der Nachmittag verging wie im Flug. Erst nach der Zugabe löste sich die Gruppe der Musikfreunde allmählich auf. Kurt musste vor der Heimfahrt nochmal schnell aufs Klo. Er stand auf, umrundete den Frühschirm und kam an Reiners Gitarrenständer vorbei.

»Und all die Leute, die ziehn vorüber, bella ciao, bella ciao, bella ciao, ciao, ciao, all die Leute, die ziehn vorüber, bringen mich dann zur letzten Ruh.«

»Martin, was machst du?«

»In den Schatten der kleinen Blume, bella ciao, bella ciao.«

»Martin!! Das darfst du nicht!«

»Mein Schlagbrett tut so weh, ich wollte es einfach mal versuchen.«

Da war es wieder. Kurt wurde flau im Magen. Bilder tobten hinter seinen Augen. Eine wilde Horde kruder Gedanken überfiel ihn, begann einen Höllenritt durch seinen Kopf. Wie ferngesteuert wankte Kurt in den *Spielmann*, vergaß zu pinkeln, schüttete sich stattdessen einige Handvoll kaltes Wasser ins Gesicht und in den Nacken.

»Was ist denn mit dir los?«, fragte Elfi, als er zu ihr zurückkam. »Du bist ja ganz blass um die Nase.«

Er bekam kein Wort heraus.

Eine Woche später hatte Kurt sich wieder im Griff. Diese Stimmen. Am Montag war er mit der Bahn nach Köln gefahren und drei Stunden durch den Zoo gelaufen. Einfach blaugemacht. Hatte gutgetan. Den Kopf wieder freigeblasen. Löwengebrüll und kreischende Affen. Keine Gefahr. Kurt war gespannt, was heute Abend passieren würde. Er hatte eine Karte für den *Sensenhammer: Back to the Roots*.

Pünktlich um 19 Uhr war er bei den ersten Gästen, die ihre Tickets zeigten und in den engen Flur eintraten. Irgendwie vertraut. Aus der Küche hinter dem Eingang duftete es nach frischen Laugenbrezeln, und er trottete hinter den anderen den Gang an der Garderobe vorbei. Rechtskurve, Stahltür, Vorsicht Stufe, und er stand auf der Empore der alten Schmiedehalle. Kurt ließ ein paar der Musikfans an sich vorbeiziehen und schaute hinab. Die Halle mit den schweren Hämmern, den alten Werkzeugen und den großen Umlenkrollen an der Wand hinter der Bühne war schon sehr speziell. In einer Ecke ein Haufen Kohle, eine alte Schaufel, angerostete Sensen- und Sichelrohlinge auf Tischen und Gestellen. Neben den Hämmern, an den Wänden und Arbeitsplätzen Infotafeln und alte Bilder. Schon irre. Ein Industriedenkmal. Hier hatten die Leute früher malocht. Kurt atmete ein paarmal tief ein und aus. Es roch nach Arbeit. Alt, aber nicht muffig. Nach Maschinenfett. Er versuchte, sich vorzustellen, wie das wohl früher gewesen war. Lärm, Schweiß, Hitze, Glut und Asche. Keine Bühne, keine Stuhlreihen, keine Biertische. Jetzt standen Instrumente auf der Holzbühne links an der Längswand, Mikros, zwei Hocker und der zugehörige Technikkram. Er sah drei, vier Leute vom Museumsteam in ihren Shirts mit den orangen Aufschriften, die entspannt in der Halle rumwuselten. Einer legte jeweils einen Satz Bierdeckel auf die Stehtische, zwei standen hinter dem Getränkeausschank, an dem bereits die ersten Gäste standen, um sich zu versorgen. Kurt stieg die steile Treppe runter und trat an den Bühnenrand. Rechts hatte Reiner seine Gitarren abgestellt. Kurt erkannte die weiße *Fender Telecaster* und die *Martin* mit dem Tuch am Gitarrenhals. Er spitzte die Ohren. Nix zu hören! Gar nix! Gott sei Dank! Er wollte heute einfach nur gute Mucke hören. Keinen Stress im Kopf. Mittlerweile hatte sich die Schmiedehalle mit Musikfreunden gefüllt. Er schlenderte durch das Gewimmel, nickte ein paar bekannten Gesichtern zu und reihte sich in die kleine Schlange am Biertresen ein. Mit einem Landbier in der Hand ergatterte er noch einen guten Sitzplatz vor der Bühne, dritte Reihe rechts außen – perfekt. Kurt konnte die Beine ausstrecken und hatte alles im Blick. Pünktlich um acht ging's los. Dirk Kaiser vom Museumsteam enterte die Bühne, begrüßte die Gäste und sagte, dass er sich auf den Abend freue.

Ralf und Reiner kamen die Stahltreppe runter, kletterten zu Dirk auf die Bühne, und ab ging die Luzy. Das ganze Programm. *What you see is what you get.* Von *Mustang Sally* über *Lucky Man, Like a Hurrican* bis zu *Lady D'Arbanville.* Die beiden hatten es echt drauf.

Reiners Gitarren © Dirk Kaiser

Kurt mochte die Art von Ralf Hermanns. Eine coole Socke. Sanft lächelnd oder breit grinsend, die Gitarre lässig vor dem Bauch, hatte er sein Publikum stets im Blick und im Griff. Mit mal sanfter, mal erdig rauer Stimme interpretierte er die guten alten Schätzchen soulig, bluesig, rockig, – was das Herz begehrte. Und Reiner Lützenkirchen zeigte ganz unaufgeregt, was eine Gitarre alles konnte, wenn sie in den richtigen Händen war. ›Kongenial‹ traf es wohl, was dieses Duo auszeichnete. Kurt war happy. Die Songs waren ihm alle so vertraut, das Gesamtpaket ließ ihn mitwippen, mitsummen, leise mitsingen. Ein musikalisches Wellnessbad vom Feinsten.

In der Pause ging Kurt noch mal an den Bühnenrand und lauschte. Alles still. Er tauschte sein leeres Fläschchen um, quatschte mit zwei alten Kollegen, die er an einem der Stehtische entdeckt hatte, und streckte sich danach wieder behaglich auf seinem Logenplatz aus. Die zweite Halbzeit konnte beginnen. Reiner und Ralf kamen zurück auf die Bühne und setzten ihr Heimspiel fort. Schlossen mit *It's all over now, baby blue*. Das war's. Ein geiles Konzert. Kurt war tiefenentspannt. Die Halle leerte sich, zwei Dutzend Hardcorefans standen noch rum, plauderten mit den Musikern oder naschten noch ein Kölsch. Kurt gönnte sich zur Feier des Tages einen *Single Malt*, erwischte die letzte Brezel und ließ sich durch die Halle treiben. Ein Stündchen später hing er immer noch im *Sensenhammer* rum. Schien ein Ritual zu werden. Reiner und Ralf hatten zusammengepackt und begannen, ihren Kram die Rampe raufzutragen. Kurt bewachte Reiners Gitarrenkoffer. Wie letzten Herbst. – War da was? Kurts Nackenhaare stellten sich auf. Er lauschte. Stille. Absolute Stille. Das Nackenfell entspannte sich wieder. Trotzdem. Das mit den Stimmen war schon sehr crazy. Reiner kam zurück und griff nach seinen Mikrofonständern.

Kurt atmete einmal tief durch und fasste sich ein Herz: »Hey Reiner, darf ich dich mal was fragen?«

»Klar.«

»Ist aber ein bisschen spooky.«

»Spooky gibt's nicht. Was ist denn los?«

»Ich hör dauernd so komische Stimmen.«

Reiner lachte. »Kenn ich.«

»Deine Gitarren …«

»Wie, meine Gitarren?«

»Die sprechen.«

»Na klar. Ich lass sie sprechen. Ich bin Gitarrist. Schon vergessen?«

»Nee, in echt. Die sprechen richtig. Schon ein paar Mal.«

»Hast du was geraucht? Das ist spooky! Geh mal zum Arzt.«

Kurt stieg in Ohligs aus der Regionalbahn 48 und sah sich um. Das war ja easy mit dem Neun-Euro-Ticket. Pfingstsonntag hatte er für Elfi und sich zwei Fahrscheine am Opladener Busbahnhof besorgt. Mit wechselnden Gefühlen nach den ersten TV-Nachrichten von rappelvollen Zügen und Geiz-ist-geil-Fahrten vom Frankfurter Bahnhofsviertel zu *Goschs Fischbude* auf Sylt. Neun Stunden one way unterwegs, ohne Platz, ohne Klo. Viel Action für neun Euro. Für ihn wäre das nichts gewesen. Aber so? Mittwochs um zehn in knapp zehn Minuten von Leverkusen nach Solingen. Fein. Kurt folgte den Mitreisenden zum Ausgang und gönnte sich bei *Mac Donalds* noch schnell einen Fischburger auf die Hand. Er war etwas nervös. ›Essen beruhigt‹, dachte er, überquerte die Wilhelmstrasse, ein paar Meter links, bog in die Düsseldorfer Straße ein und trottete, immer noch kauend, Richtung Marktplatz. Im Fenster der Apotheke lachte ihn ein Werbeplakat mit der Aufschrift *Das Nr. 1 Cannabis CBD Gel* an, malerisch umkränzt von sattgrünen Hanfblättern. ›Jetzt schmieren sich die Deppen den Stoff schon auf ihre arthritischen Kniescheiben‹, dachte Kurt, als er das nächste Apothekenlogo passierte: »Mac Pill Apotheke«.

Er überquerte den Marktplatz, vorbei an *MAKU's Weinbar*, in der sich die ersten Rentner in Mittwochslaune tranken, und stand wenig später vor dem Ärztehaus am Rand des Platzes. Sterile Glasfront, Drehtür ins Foyer, Marmorboden, Betonkübel mit deckenhohen Palmen. An der Wand eine großformatige Messingtafel mit den Namen und Etagenangaben der hier niedergelassenen Spezialisten: »Plastische Chirurgie«, »Naturheilkunde«, »Überseeimmobilien«, »Pilates«, »Psychotherapie«. Das Haus roch nach Privatpatienten. Kurt atmete einmal tief durch, betrat den Aufzug und schwebte lautlos ins dritte Obergeschoss.

»Dr. Lucia Segovia und Partner, Psychotherapie, Tiefenhypnose, Familienaufstellungen; alle Kassen, Termine nur nach Vereinbarung« stand auf der kleinen Messingtafel neben der Glastür, die in den Empfang der Praxis führte.

Kurt atmete noch einmal tief durch und ging hinein.

Der Raum empfing ihn mit einem vertrauten Duft. Harzig-würzig. Kurt sog ihn ein. Er kannte diesen speziellen Geruch. Zirbe. Soll ja sehr gesund sein. Entspannen, guten Tiefschlaf und so. In Südtirol machten sie Schlafzimmermöbel aus dem Holz der Zirbelkiefern. Schweineteuer. Er schaute sich um. Pastellfarbene Harmonie in Grün und hellem Holz. Eine perfekt auf das Interieur abgestimmte Schönheit in einem lindgrünen Kasack erhob sich von ihrem Platz hinter dem Tresen. »Linda Polsfuss« stand auf dem Namensschildchen an ihrer Brust. Sie lächelte ihn freundlich an: »Guten Tag. Was kann ich für Sie tun?«

»Mein Name ist Kottke. Ich habe einen Termin bei Frau Dr. Segovia«, antwortete Kurt.

»Ah, Herr Kottke. Frau Dr. Segovia erwartet Sie bereits. Gleich geradeaus durch den Flur in den Gesprächsraum zwei bitte.«

Kurt wurde erwartet. Aus Raum Zwei ertönte dezente Gitarrenmusik. Er klopfte an die Milchglasscheibe der Tür, drückte die Klinke runter und betrat den Raum.

Mediterranean Sundance. Der 81er Live-Mitschnitt aus San Francisco. Gerade gestartet. Linker Kanal *Paco de Lucia*, rechter Kanal *Al di Meola*, sauber getrennt, erstklassige Anlage. Das Zimmer empfing Kurt stilsicher in pastellgrün, Naturholz und Leder. Frau Dr. Segovia, eine elegante, dunkelhaarige Frau mit einem makellosen, bronzefarbenen Teint erhob sich aus der Sitzgruppe im hinteren Teil des angenehm kühlen Raums und begrüßte ihn: »Willkommen Kurt, nennen Sie mich doch einfach Lucia, dann redet es sich leichter. Wir sind heute nicht allein.«

Reiner und Ralf on Stage. © Dirk Kaiser

Kurt lächelte. Er durchquerte den Raum und setzte sich zu Lucia an den Tisch. In der Ecke neben dem Fenster standen drei Gitarrenkoffer an der Wand, vor ihnen lehnte eine goldfarben lackierte *Gibson Les Paul*.

Auf der Lederliege an der Wand lag eine Westerngitarre, sah aus wie eine *Martin*. Daneben eine wunderbar gearbeitete Gitarre mit heller Decke, Palisanderzargen und einem Griffbrett aus schwarzem Ebenholz.

»Darf ich?«, fragte Kurt und trat an die Couch heran. Er blickte in das Schallloch: *Felipe Conte.* Er nahm die Gitarre hoch und betrachtete sie. Was für ein Stück. Diese Symmetrie der Bodenhälften, das edle Holz.

»Die *Conte* gehört zu meiner Familie«, sagte Frau Dr. Segovia. »Ein Modell *Paco de Lucia.*«

Kurt legte die Gitarre zurück und drehte sich zu ihr um.

»Hallo Kurt«, klang es leise von der Couch zu ihm herüber.

Bärendienst

Dass Musik die Sprache des Herzens ist – ein uralter Topos. Ich lernte sie erst in meinem zweiten Leben kennen. Wie mein Herz. Im *Topos*.

Vor gut zwanzig Jahren war ich zuletzt im *Kaufhof* für die Steigerung der Umsätze zuständig gewesen. Irgendwann in den Wochen vor Weihnachten – ich entsinne mich nicht – muss Ingrid auf mich aufmerksam geworden sein. Im Rahmen der Inventur hat es mich dann erwischt: Leiter umgekippt, mir volle Lotte auf den Kopf geknallt. Schädelbruch. Damit war mein erstes Leben praktisch ausgelöscht. Von der Zeit davor weiß ich zumindest nichts mehr – außer dem, was man mir erzählte. Der Arbeitgeber hat mich gleich nach den Feiertagen gefeuert. Obwohl ich in einer mehrstündigen Operation wieder zusammengeflickt worden war. Gabi, die Abteilungsleiterin, überbrachte die Kündigung und bot im selben Atemzug an, mich jemandem vorzustellen. Ich sollte einfach mitkommen. Die Fahrt hat sich unauslöschlich in mein Bewusstsein eingegraben. Ich saß mit verschränkten Armen – selbstverständlich angegurtet –, in einem Jeep, ließ mir die Luft um die Nase wehen und fühlte mich frei. Jungfräulich. Bereit zu einem Abenteuer: meinem zweiten Leben, gleichzeitig dem einzigen, das ich noch hatte.

Der Wagen hielt mit quietschenden Bremsen – oder war es das Quietschen einer Frau? Eine nicht mehr ganz junge, nicht mehr ganz Blonde stürzte auf uns zu, riss die Beifahrertür auf und umschlang mich. Ich muss gestehen, ich war vollkommen perplex. Wer war dieses Weib? Sie musste aus dem kleinen Haus gekommen sein, vor dem wir standen und aus dem nun unter großem Hallo weitere Menschen strömten. Ihren Rufen entnahm ich, dass das zudringliche Wesen »Ingrid« hieß.

»Peter Kaczmarek!«, rief Gabi in meinem Rücken, als ermahnte sie
ein Kind. Ein nickelbebrillter Auch-nicht-mehr-ganz-Jugendlicher –
dem Namen nach Gabis Ehemann? – tauchte gleich hinter der Frau
namens Ingrid auf und befreite mich aus ihrer Umklammerung. »Lass
mal, Ingrid«, meinte er. »Das übernehmen Wolle und ich.« Zu mir
gewandt: »Willkommen in der guten Stube Leverkusens!«

Dann ging alles ziemlich schnell. Hinter uns hupte es, Gabi rief: »Ist
ja gut! Ich such einen Parkplatz!« Und gab Gas, kaum dass ich neben
dem Auto stand.

Tja, und dann habe mich tatsächlich abschleppen lassen. Durch
einen Eingang, über dem mich ein Löwenkopf grimmig beäugte.
Drinnen war es dämmrig und angenehm kühl. Ich bin ja eher der
Wintertyp. An der Wand entlang schlängelte sich eine orange Sitzlandschaft. Ingrid dirigierte mich zu einem Platz in einer Ecke. Mit
uns waren allerhand Leute hereingeströmt, die mich umstanden, was
mich verlegen machte. Ich weiß, wie gesagt, nicht, wer ich vor dem
Unfall war. Aber hundert pro kein Partylöwe. Eher halt Bär. Konversation ist nicht meins. Ich beobachte lieber und ziehe meine Schlüsse.
Die anderen ließen denn auch bald von mir ab und umschwärmten
die Hausherrin, die alle Hände voll zu tun hatte, die Gäste mit Ge-
tränken zu versorgen.

Von meinem Standort aus konnte ich alles übersehen, insbesondere
hatte ich Einblick auf einen etwas höher gelegenen Bereich, wo
sich nach und nach einige der Menschen einfanden, Gegenstände
aufnahmen, denen sie einzelne Töne entlockten, die zu Klängen
zusammenwuchsen – und unvermittelt breiteten sich im Raum
Schwingungen aus, die auf alle übersprangen. Damals hatte ich
noch keine Begriffe für das, was da passierte, versuchte immer noch
zu verstehen, was ich hier eigentlich sollte, was diese Ingrid mit mir
vor- und alles zu bedeuten hatte. Immerhin erkannte ich Wolfgang –
›Wolle‹ – wieder. Er war derjenige, der sich um meinen lädierten
Schädel gekümmert hatte. Mit einer gewissen Erleichterung regist-

rierte ich, dass er und Ingrid … Also den Job würde ich zumindest nicht erledigen müssen.

Gabi tauchte auf, warf mir eine Kusshand zu, rief: »Na, gefällt's dir?« Wartete kein Antwort ab, sondern steuerte die ›Theke‹ an, den langen gekrümmten Tisch, hinter dem Ingrid hin und her lief und ihr ein Reagenzglas mit derselben gelben schäumenden Flüssigkeit aushändigte, die die meisten anderen bereits in den Händen hielten, ›Kölsch‹, wie es hier hieß. Die hochfrequente Einnahme dieses Getränks und das, was die Leute auf der Hochebene, der sogenannten ›Bühne‹, trieben – ›Musik‹ – schienen der Sinn und Zweck dieser ›guten Stube‹ zu sein, die sich füllte und leerte genau wie die Besucher: Je mehr sie ›sangen‹, wie das mehr oder weniger harmonische Absondern von Geräuschen bei ihnen bezeichnet wurde, umso mehr soffen sie. Die Töne gingen zu den Ohren rein, durch den Mund wieder raus. In stetem Gegenverkehr wurde der Inhalt der Gläser oral ein- und – von meiner Position aus gut zu verfolgen – in zwei Räumchen rechts wieder ›weggebracht‹, wie sie es nannten. Im Laufe der Zeit lernte ich viele andere Vokabeln dafür, auch wenn ich den Vorgang selbst nie zu Gesicht bekam. In der Regel schlossen die Gäste die Tür hinter sich. Erst später am Abend, wenn der Gang schlingernd wurde, vergaßen sie es manchmal. Dann drangen gelegentlich gurgelnde Geräusche um die Ecke, und es dauerte etwas länger, ehe sie zurückkehrten, sich den Mund wischend. Genauso verstohlen im Übrigen, wie sie sonst an Reißverschlüssen oder Röcken fummelten, was darauf hindeutete, dass die Entleerung im Normalfall weiter unten erfolgte. Im Gegensatz zu dem, wie sie auf die Klänge der ›Bands‹ – so nannten sie die Zusammenrottungen der Musiker auf der ›Bühne‹ – reagierten, handelte es sich um eine einsame Tätigkeit. Die Musik hingegen schweißte sie zusammen, bewirkte, dass sie phasenweise wie ein monolithischer Menschenblock agierten. Neben dem bereits erwähnten Singen gab es eine Fülle an Verhaltensweisen, ›pfeifen‹, ›klatschen‹, ›schunkeln‹, ›grooven‹ und vieles mehr.

Mein Job dabei? Wie gesagt, mit Konversation habe ich es nicht so. Ich beobachte lieber. Genau dazu wurde ich immer wieder aufgefordert. Ein Auge auf etwas zu haben. Manchmal auf Menschen, die nicht mehr stehen konnten, sich bei mir anlehnten und eine Weile die Augen schlossen – was nicht zwingend damit einherging, dass sie keine Geräusche mehr von sich gaben. Allerdings gerieten sie eher dissonant zu den Klängen, die von der Bühne kamen. Manchmal ging es im Gegenteil darum, dass ich eben nicht hinguckte, sondern Sichtschutz, eine sogenannte ›Knutschecke‹ bot. In den meisten Fällen deponierte man aber alle möglichen Gegenstände neben mir auf der Bank oder vor mir auf einem Tischchen, in erster Linie Behältnisse, denen die Musiker sogenannte ›Instrumente‹ entnahmen, aber auch Kartons voller Tonträger – ›CDs‹, eine Art Konservenplättchen für die Musik. Auf dem Weg zu den ›Toiletten‹, den Vorrichtungen hinter den Türen rechts, wurden Getränke, Handtaschen oder Kleidungsstücke abgegeben. Viele wurden erst spät am Abend wieder abgeholt, manche am anderen Tag erst von Ingrid oder Wolfgang eingesammelt.

Genau. Ingrid und Wolfgang.

Ingrid hatte sich – den Begriff lernte ich von Gabi – offensichtlich in mich ›verguckt‹. Was nicht zwangsläufig bedeutete, was es hieß, auch wenn den Augen eine Katalysatorfunktion zukam. In der guten Stube wurde sich oft verguckt, sicherlich ein weiterer Sinn und Zweck der Lokalität, und auch dabei ging es offensichtlich um ein Rein und Raus. Allerdings schienen daran mehr Organe beteiligt zu sein als die bisher genannten Körperöffnungen, so viel zeichnete sich deutlich bei dem ab, was in der Knutschecke passierte. Das Knutschen bedeutete gewissermaßen die zweite Eskalationsstufe, während die dritte – ähnlich wie bei dem, was auf den Toiletten geschah – wiederum eher privatissime ausgeübt wurde. Aber eben nicht einsam, sondern zweisam. Obwohl ein Teilaspekt davon wiederum ›Einsamen‹ genannt wurde. Was Ingrid und mich anging, kamen wir nie über Stufe eins hinaus. Wohl auch deswegen, weil Stufe zwei voraussetzte, dass gleich zwei sich ineinander verguckten. Was bei mir und Ingrid aus diversen Gründen nicht gelang – und hauptsächlich wohl mir anzulasten ist. Ich bin äußerst schwer zu erwärmen. Obwohl ich Ingrid über alles schätzte, war ich Wolfgang dankbar, dass er alles Weitere übernahm, was das anging. Überhaupt – wenn ich mich hätte entscheiden müssen, wäre es mir schwergefallen zu sagen, wer von den beiden mir näherstand. Ich verdankte ihnen alles, was ich hatte und war. Wenn die gute Stube vulgo *Topos* Musikern, insbesondere Jazzgrößen, eine Bühne bot, so waren Ingrid und Wolfgang die guten Seelen, die sie mit Leben füllten.

Die Künstler kamen aus aller Welt. Viele immer wieder. An Wänden und Decken klebten Plakate mit Fotos von Musikern, vor denen Gäste gelegentlich stehenblieben und murmelten: »Chet Baker« oder »Miles Davis«. Ich verstand, dass die Zeichen, die in wechselnden Kombinationen auf den Bildern verteilt waren, für Namen stehen mussten. Bald konnte ich sie selbst entziffern. Manche der Abgebildeten erkannte ich früher oder später auf der Bühne wieder. Einige hatten lustige Namen: »Pit Hupperten« – weil der auf der Bühne so rumhuppte? Oder »Klaus »Major« Heuser«, der nach einem ganzen Gebäudeensemble klang, aber trotzdem ins kleine *Topos* passte. Einer, der sich »Wilfried Schmickler« nannte, machte gar keine Musik, sondern sonderte Wörter wie bei einem Schlagzeugsolo ab.

Unter den Gästen waren solche, die fast jeden Abend vorbeikamen. Von einem, »Peter Rüchel« – dem Namen nach jemand Anrüchiges –, raunten andere Gäste sich zu, er sei der »Vater des *Rockpalast*«. Ich habe aber nie gesehen, dass er ein Kind mitbrachte. Genauso wie eine Frau, »Heike Noworzyn«, angeblich Buchhändlerin sein sollte, die ich aber nie mit Büchern dealen sah. Ja, und dann gab es noch eine besondere Sorte Besucher, die als ›Politiker‹ bezeichnet wurden und sehr wichtig zu sein schienen. Ein »Erhard Schoofs« zum Beispiel, von dem es hieß, er sei ›Vorsitzender des Trägervereins‹. Weder sah ich ihn je irgendetwas tragen, noch saß er vor anderen herum, sondern immer neben ihnen. Manche der Politiker-Gäste waren gleichzeitig ›Oberbürgermeister‹, was etwas geradezu Heiliges sein musste. Von einem, »Ernst Küchler«, hieß es eines Tages, er habe Ingrid und Wolfgang getraut. Im Spiegelsaal des Schlosses Morsbroich, munkelte man. In Wirklichkeit hatten die beiden sich selbst getraut. Am 26.09.2006. Zu ›heiraten‹ nämlich, was auch immer das war, es änderte sich nichts zwischen ihnen, aber es wurde auf jeden Fall tüchtig gefeiert. Ein anderer Oberbürgermeister, »Uwe Richrath«, muss sich dreizehn Jahre später etwas viel Schlimmeres getraut haben. Da war Wolfgang nämlich gestorben, genauer am 08.01.2019. Wieder war es am Oberbürgermeister, ihm – diesmal in der Antoniuskirche, diesmal zum Abschied – eine Rede zu halten. Ich war weder bei der Hochzeit noch bei der Trauerfeier dabei. Nie auf den *Street-Life*-Veranstaltungen, den *Jazztagen*, den Kostümbällen im Forum. Das alles kenne ich nur aus zweiter Hand. Mein Job war: Den Laden in seinem Innersten zusammenhalten.

Was ich kannte: die Speisen und Gerüche, die die Gäste aus den umliegenden Lokalitäten mitbrachten, das Grillgut des »fettigen Heinz« von gegenüber, die Pizzen von Rosario, Inhaber des *La Castagna*, wie von Roberto, der heute das *Fellini* betreibt. Die Besucher des benachbarten Restaurants *Windstärke 10* waren andere als die des Rockklubs *Devil*, des *Socrates-Grills*, schlussendlich der Trattoria *Da Franco*. Ich hielt stets die Stellung im *Topos*, gehörte zum unveränderlichen Inventar, während viele der unzähligen Besucher und Künstler längst das Zeitliche gesegnet hatten.

Wiewohl ich nie ein Auge auf Ingrid geworfen habe, hatte ich doch stets eins auf sie. Insbesondere in den Jahren nach Wolfgangs Tod. Schwierige Jahre. Lange Monate blieb das *Topos* zu oder verkehrten nur vereinzelte Maskierte, die sich, kaum dass sie saßen, die Lappen runterzogen und als Stammgäste entpuppten. Oft aber war Ingrid allein. Dann blätterte sie in Papieren und seufzte. Murmelte etwas von »Kündigung«, »Mieterhöhung«, »Verkauf« und rang die Hände.

Ich mag nichts als ein müder Pappmaché-Abklatsch einer vom

Aussterben bedrohten Tierart in anthropomorpher Gestalt sein, von Scherzkeksen mit einem roten, mit Anstecknadeln gespickten Schal dekoriert. Mein Gehör hat über die Jahre gelitten. Nachdem einer der Bläser des *Blues Mobil* in den Achtzigern unmittelbar neben mir seine Posaune testete, bin ich rechts so gut wie taub. Ich kann mich nicht bewegen, nicht reden, bei mir geht nichts rein oder raus –, aber ich bin allenfalls halb so bescheuert, wie manche mich finden mögen. Und ich habe ein Herz. Das es mir schier zerriss. Ja, in dieser schweren Zeit wurde mir erst bewusst, dass ich tatsächlich eins hatte. Und ich beschloss, es zu nutzen. Seit ich vor zwei Dekaden auf dem Beifahrersitz eines Jeeps hier vorgefahren war, hatte ich schließlich einen Job: Aufpassen. Auf Ingrid. Seit Wolfgang mir ein zweites Leben geschenkt hatte, war ich ihm einen Bärendienst schuldig.

Topos, links Wolfgang Orth, rechts der Eisbär. © *Regina Schleheck*

Als in dieser kritischen Zeit der Eigentümer des Hauses, das meine zweite – de facto wohl eher erste – Heimat geworden ist, zu Besuch kam, habe ich ihn mir in einem unbeobachteten Moment vorgeknöpft.

Meine Spezies ist das größte Landraubtier der Welt. Wer sich mit unsereins anlegt, hat keine Chance gegen unsere Zähnen und Krallen. Ein Prankenhieb genügt, um einem Menschen mühelos das Genick zu brechen. Was genau zwischen mir und dem Mann, von dessen Goodwill die Zukunft des *Topos* abhing, verhandelt wurde, haben wir metaphorisch gesprochen unter dem ewigen Eis der Arktis verschwinden lassen. Als Ingrid von der Toilette zurückkehrte, war der Mann wie verwandelt. Sämtliche Probleme hatten sich in Luft aufgelöst. Die gute Stube Leverkusens ist bis auf Weiteres gerettet.

Wenn bloß die Sache mit dem Klimawandel nicht in die Hose geht.

Location elf

Eine Band spielt im Bus.

Das ist verrückt, aber nicht ganz so, wie es klingt.

Sie nennen es *Shuttle-Nacht*. Zehn Orte in der Stadt, zehn Konzerte in der Nacht, du kannst sie alle besuchen. Der Shuttle-Bus fährt dich herum.

Es ist ein Gelenkbus, und auf der Drehscheibe von dem Gelenk spielt die Band. Ich weiß nicht, ob man das wirklich Drehscheibe nennt, aber mir fällt ein, als ich Kind war, gab es im Fernsehen eine Sendung, die hieß auch so.

Und ich weiß nicht, warum mir das jetzt einfällt, und auch nicht, warum ich immer weiter sitzenbleibe, ich glaub, es liegt am Cello.

Oder schlicht am Sitzenbleiben.

Sie spielen Indierock, sagt der Gitarrist und lässt die Haare wie einen Vorhang vors Gesicht fallen. Die Bassistin macht es auch so, sie könnten Geschwister sein, auch wenn sie zwanzig Jahre jünger wirkt als er. Der Schlagzeuger sitzt wie unbeteiligt hinter seinem Gerät, als sei er gerade rein zufällig zugestiegen und treffe den Rhythmus der Lieder völlig unabsichtlich. Und dann das Cello. Es brummt mit dem Motor im Bauch des Busses. Es brummt in mir.

Nächster Halt, und ich steige wieder nicht aus.

›Einfach nur mal sitzenbleiben‹, denke ich. Sitzenbleiben, mit den Augenblicken treiben. Mich spiegeln in schwitzenden Scheiben, Gedanken aneinanderreiben.

Die Leute tanzen hier drinnen, und draußen fährt die Stadt vorbei. Sie ist hässlich im Herbst, in der Nacht aber schön.

Leverkusen.

Klingt irgendwie auch wie Busfahren.

Ein Wort, das sich in die Kurve legt: Lever-kusen. Dopplereffekt.

Es seufzt nach hinten raus, wie der Bus, der um die Ecke biegt, was du nur hören kannst, wenn keine Band darin spielt, heute spielt aber eine.

Ich bleibe sitzen.

Sagte man früher auch in der Schule. Sitzenbleiber.

Backyard Poetry, Teilbesetzung plus Gäste,
diesmal nicht im Bus, sondern im Wohnzimmer, 2019.
© Silke Schönenborn

Und überall, wo der Bus hält, passiert irgendwas. Zehn Halte, zehn Eventlocations, zehn Erlebnisse, Zehnerpotenz. Und als die Tür sich wieder zischend schließt – unter der Musik hört man es nicht, aber ich weiß ja, dass Bustüren beim Schließen zischen –, habe ich wieder ein Event für immer verpasst, und es kommt nicht zurück. Der Bus wendet nicht, niemals, er fährt im Kreis, und wenn ich in einer Stunde wieder hier vorbeikäme – und selbst, wenn dort die Sängerin genau dasselbe Lied sänge wie jetzt, wär es nicht dasselbe Lied, denn es wär nicht dasselbe Publikum und nicht derselbe Applaus und nicht dieselbe Luft und nicht dieselbe Minute, denn die ist für immer im

Gedächtnis der Galaxis eingeschrieben bis zum nächsten Urknall vielleicht, und ich bleibe sitzen. Du kannst dir gar nicht alle Optionen offenhalten, du kannst ja gar nicht schneller leben, höher, weiter alles geben, immer vorwärtsstreben, nee, das kannst du nicht. Aber sitzen bleiben und den Fluss der Dinge stören. Sitzen und das Cello hören.

Sitzenbleiber, Hintertreiber. Spitzenleiber tanzen um mich rum. Und ich bleib sitzen.

Aus einem Pressetext der Kraftverkehr Wupper-Sieg AG vom 30.10.2006:
Eigentlich sollten die vier Musiker lediglich die Fahrgäste während der Tour zwischen den zehn Locations in Wiesdorf und Opladen unterhalten, doch was dann passierte, konnte keiner ahnen. Viele der Fahrgäste blieben einfach ein, zwei oder drei Runden länger im Bus, tanzten und sangen mit. Die Band Backyard Poetry rund um Sänger und Gitarrist Wolfgang A. Noethen spielte bis zum Ende der Shuttle-Nacht im Bus ihre Songs.

Dagmar Maria Toschka

Noten sind der Schüssel

H ab ich dich geweckt?«

Gähnen am anderen Ende der Leitung. »Wie spät ist es?«

Uwe schaut auf die Uhr. »Halb acht. Was ist das für'n Lärm bei dir, Matti?«

Mit einem Schlag wird es leise. »Ein Western. Was gibt's?«

»Saufen.«

»Wo?«

»Egal.«

Kurze Pause. »Friedrich-Ebert-Straße. *Notenschlüssel.* Sollen Whisky, Musik und Guinness haben. Könnten wir ausprobieren.«

»Dann bis gleich.«

Fünfzehn Minuten später öffnet Uwe die alte Holztür und betritt den *Notenschlüssel.* Eine Kneipe der alten Schule. Eng, dunkel, gemütlich. Von der Decke hängt eine alte Flöte neben einer Posaune, an den Wänden Gitarren und Fußballschals. Ein langer Tresen biegt kurz vor der Wand ab. In dieser Nische, schräg gegenüber, sitzt Matti. Flanellhemd unter abgewetzter Militaryjacke. Die langen blonden Haare zerzaust. Den Blick starr auf den Tresen vor ihm gerichtet, als würde er im Sitzen schlafen.

Uwe geht durch den schmalen Gang zwischen Bühne und Theke zu seinem Freund rüber und besetzt den Barhocker neben ihm. Beide sehen sich kurz an, dann senkt Matti seinen Blick wieder. Die Kneipe endet hier. Niemand kann vorbei oder stören. Hinter ihnen große Bilder in antiken Rahmen. Vor ihnen viele Flaschen und Gläser, die kopfüber von einem Brett hängen.

Eine junge Frau in schwarzem T-Shirt grüßt und nimmt die Bestellung auf. Zwei Guinness.

Uwe kratzt sich am Hinterkopf. »Heute sind es fünf Monate und sieben Tage.«

Matti nickt stumm.

»Ich hätte es ihr sagen sollen.«

»Was?«

»Alles. Alles, was zählt.«

»Warum hast du nicht?«

Uwe zuckt mit den Schultern.

Matti sieht ihn an. »Kenn ich.«

»Scheiße.«

Das Bier kommt. »Auf welchen Namen geht der Deckel?«, fragt die junge Frau.

»Uwe.«

Beide trinken in großen Zügen. Auf der kleinen Bühne bringt sich ein Musiker in rotem T-Shirt mit schwarzer Gitarre in Stellung. Ein Plakat an der Wand kündigt ihn an: »Winfried Bode. Retro-Abend.«

Uwe bestellt noch zwei Guinness, die von einem großen Mann mit silberner Brille und silbrigem Haar gebracht werden. Auf seinem schwarzen T-Shirt steht in kleiner weißer Schrift: »Gerhard, Notenschlüssel Leverkusen Team«. Er stellt die Gläser vor ihnen ab. »Heute haben wir uns etwas ganz Besonderes ausgedacht, es ist Retro-Abend mit Oldies, Eckes Edelkirsch, Apfelkorn und serbischer Bohnensuppe.«

Er grüßt eine Frau mit kurzen roten Locken, die gerade hereinkommt. »Anna, noch Kopfschmerzen von gestern Abend?«

Sie winkt lachend ab und setzt sich auf einen Barhocker, über Eck zu Uwe und Matti.

»Ich brauche ein Kabel«, ruft der Musiker. Gerhard wuselt zwischen Theke und Bühne rum, rührt ab und zu in einem großen Topf, der hinterm Tresen auf einer Heizplatte steht. Die Gitarre wird nochmal gestimmt. Im Hintergrund läuft Reinhard Mey, *Über den Wolken*.

Auf der Bühne gibts noch einen Soundcheck. Zur Hälfte wird sie von einem Tisch mit Stühlen eingenommen. Gerade lässt sich ein

Pärchen daran nieder. Der One-Man-Show-Musiker unterhält sich mit den beiden. Vicky Leandros singt leise: *Aprés toi.*

Uwe bestellt noch zwei Guinness, die Gerhard ihnen bringt.

»Du könntest alles aufschreiben«, meint Matti. »Dann musst du es ihr nicht sagen, könntest es als E-Mail schicken.«

»Echt? Das ganze wichtige Zeug per E-Mail? Meinst du, das bringt sie zurück?«

Gerhard beugt sich zu ihnen herüber. »Probleme mit der Liebe?«

Uwe schaut ihn an, verzieht das Gesicht wie bei Zahnschmerzen.

«Sinnloses Saufen bring's nicht«, sagt Gerhard.

Matti hebt den Blick von der Theke. »Weißt du was Besseres?«

»Trinkt lieber was Gescheites«, schlägt Gerhard vor. »Whisky zum Beispiel, der zu eurer Stimmung passt.«

Anna fährt sich durch die regennassen Haare: »Auch Liebeskummer braucht Würde.« Sie beugt sich zu den beiden vor: »Wichtiges würde ich sagen. Wenn das partout nicht geht, muss man es eben singen.«

Uwe schüttelt sich.

»Sing es zusammen mit dem Typen auf der Bühne«, schlägt Matti vor. »Was man singen kann, kann man auch sagen.«

Uwe schaut auf die Bühne, etwa einen halben Meter hoch. Der Weg dort hinauf erscheint ihm wie der Aufstieg zum Himalaya.

»Du warst im Schulchor«, sagt Matti.

»Ewig her«, antwortet Uwe.

»Du hattest eine Band.«

»Schon gar nicht mehr wahr.«

»Ist nur drei Jahre her. Warum hast du aufgehört mit der Musik?«

»Für Caro.«

»Du hättest für Caro Musik machen können.«

»Sie hatte andere Interessen.«

»Aber du nicht.«

Roberto Blanco singt *Ein bisschen Spaß muss sein.*

Die Lockenfrau ordert den Whisky des Monats.

Gerhard Zech in seiner Whiskybar, dem Irish Pub »Notenschlüssel«. © Gerhard Zech

»Ach Anna, du hast Geschmack«, ruft Gerhard und rührt in dem Suppentopf, der hinterm Tresen auf einer Heizplatte steht. »Einen Moment, ich bring dir einen *Tamnavulin* Pinot Noir Edition.«

»Wenn Ihr euch mit Whisky nicht auskennt, berate ich Euch gern«, sagt er im Vorbeigehen zu den beiden Männern.

Uwe nickt. »Mach das, es kann nur besser werden.«

»Alles klar Jungs, es geht gleich los.«

Gerhard nimmt noch einen Schluck aus dem Bierglas und gibt Winfried auf der Bühne zwinkernd ein Zeichen. »Ich hab' mir Mut angetrunken. Jetzt kann ich dich ansagen.« Er stellt sich zu ihm, erklärt den Gästen, was sie an diesem Abend erwartet, und springt den halben Meter von dort oben wieder herunter.

Der Musiker begleitet sich selbst auf der Gitarre bei *Telegram Sam* von *T. Rex,* während die Unterhaltungen der Gäste am Tresen und an den Tischen weitergehen. Es wird bestellt und getrunken.

Gerhard wendet sich Uwe und Matti zu. »Euch empfehle ich *Writer's Tears,* die ›Tränen der irischen Schriftsteller‹, wenn sie Liebeskummer haben. Eignet sich gut für Einsteiger.«

Als Gerhard in einen kleinen Raum hinter dem Thekenbereich geht, stößt Matti Uwe an. »Die Sache wird doch vielleicht ein wenig zu romantisch für uns.«

Sein Freund zuckt mit den Schultern. »Ist doch egal.«

»Die Liebe kann gar nicht romantisch genug sein«, sagt Anna und schaut dabei geradeaus, als würde sie zu sich selbst sprechen.

Gerhard kommt mit einer Flasche und zwei Gläsern zurück. »Dreimal gebrannt, wie die Iren es mögen.«

»Für gebrannte Kinder der Liebe«, sagt Matti.

Auf der Bühne spielt Winfried Johnny Cash's *Personal Jesus* und Uwe nimmt einen kräftigen Schluck. Seine Kehle zischt und brennt. Auf der Zunge ein Britzeln, er räuspert sich, hustet. Der Gaumen fühlt sich taub an, und etwas steigt ihm in den Kopf. Macht sich dort breit. Wärme, Entspannung, ein wenig Gleichmut. Es geht bis in die Brust, dann in die Bauchgegend. Er muss tief durchatmen.

Gerhard schaut ihm dabei zu und fragt, wie es ihm schmeckt.

»Erinnert mich an Weihnachten, an Weinbrandbohnen, *Edle Tropfen in Nuss*. Kindheit.«

Anna lacht. »Hab ich ja auch noch nicht gehört, dass ein Whisky mit Weihnachten in Verbindung gebracht wird. Wie wunderbar.«

»Aber du schmeckst vielleicht Toffee, Vanille und Mandeln raus. Ist alles da drin«, erklärt Gerhard.

Eine Frau kommt herein und bringt Grillteller vom Restaurant nebenan für zwei Gäste an der Theke. Kleine Tropfen vom Regen draußen schillern in ihrem Gesicht und ihrem Haar.

»Writer's Tears«, sagt Matti leise. Der Geruch von Pommes mischt sich mit dem von Guiness, Whisky und Bohnensuppe.

»Bühne an Theke«, ruft Winfried, »Bitte noch ein Bier.«

Gerhard geht an den Zapfhahn und begrüßt einen Gast, der gerade hereinkommt.

Anna ruft: »Gib mir noch was Gutes, Gerhard.«

»Uns auch«, bittet Uwe.

»Das war ja ein milder«, erklärt Gerhard, »ich könnte euch jetzt einen einschenken, der nicht so weich ist.«

»Genau, wir sind keine Weicheier«, sagt Matti und stößt Uwe in die Seite. »Überleg dir, was du für Caro singst.«

»Du singst?«, fragt die Lockenfrau, »Find ich super.«

Gerhard schenkt einen *Finlaggan* ein, den Uwe in einem Zug austrinkt.

Matti schwenkt sein Glas vor der Nase hin und her. »Riecht modrig«, stellt er fest, »Ist der noch gut?«

»Du riechst die Torfaromen«, erklärt die Frau. »Die Gerste wird über Torf gemälzt. Das ist ein Single Malt Whisky.«

»Was für Singles«, murmelt Uwe.

Sie lacht.

Auf der Bühne singt Winfried Roy Orbisons *Pretty Woman*. Gerhard lehnt mit dem Rücken an einem alten Klavier, das an der Wand neben der Theke steht, und hört ihm zu.

»Woher weißt du das alles?«, fragt Uwe die Lockenfrau.

»Von Gerhard. Ich fahre jedes Jahr mindestens einmal mit ihm und einer Gruppe von Leuten nach Irland, wo wir auch Destillen besuchen. Wir sind die *Irlandfreunde Leverkusen*. Du musst mal mitkommen.«

Winfried Bode kündigt *Blue Suede Shoes* von Carl Perkins an und Gerhard bringt einen *Teeling, the Spirit of Dublin* für die Drei. Sie stoßen an.

Zwei Stunden und einige Whisky später kündigt Winfried Bode das Ende seines Konzerts mit *Come Together* von den Beatles als letztem Song an.

Matti stößt Uwe an. »Du muss da jetzt rauf und singen. Verstehst du?«

»Nein, nein, verstehe gar nichts«, sagt Uwe mit schwerer Zunge.

»Doch, musst du unbedingt machen«, findet Anna, »Das befreit.«

Uwe schüttelt den Kopf, aber Matti lässt nicht locker. Schließlich zieht er seinen Freund vom Barhocker und schiebt ihn vor sich her in Richtung Bühne. Anna feuert ihn an bis er sich dort oben neben den Musiker stellt und den bittet, eine instrumentale Strophe anzuhängen. Dann beginnt er zu singen: »Ich find zusammen, macht doch alles viel mehr Spaß. Mensch Caro, ich war ja so ein A … Nein, halt. Mensch Anna, komm gib mir noch ein Glas!«

Lachend hält er sich die Hand vor den Mund und springt wieder von der Bühne.

Anna applaudiert und zupft ihn am Ärmel. »Heute schaffen wir beide es wohl nicht mehr bis nach Irland, aber ich zeige dir gern mal meine ganz private Whiskysammlung.«

Heinke Stulz

Gaudium Musicale

Der Zug fuhr mit einem Ruck an und beschleunigte schnell. Den geschäftigen Bahnsteig und die vielen, müden Menschen aus dieser Stadt ließen wir rasch hinter uns. Endlich weg. Weg von der dunklen Wohnung, in der mein Vater mit seiner neuesten Flamme wohnte. Die den ganzen Tag die Charts rauf und runter hörte. Anscheinend brauchte sie das, um den Tag durchzustehen. Direkt ins Blut – statt Kaffee. Sie tanzte, buntscheckig, wie sie war, damit durch alle Zimmer außer meinem. Immer volle Dröhnung ohne Gnade, bis mein Vater am Abend kam und die Bluetooth Box ausschaltete. Mir hat er schließlich ganz stolz die teuren Noise-cancelling-Kopfhörer gekauft. Als ob die dir die Stille geben, die sie versprechen!

Lange hatte ich auf die Osterferien gewartet, jetzt konnte ich entkommen.

Die Ruhe im Abteil, nur vom Gemurmel und nervösen Taschengeraschel der Senioren unterbrochen, war mir ganz lieb. Sie lächelten mich an. Ich lächelte nie. Es gab keinen Grund.

Zwei Stunden Fahrt, dann würde ich nach immer mehr beblümten Wiesenflächen in dem kleinen Dorf bei meinen Großeltern sein. Eine andere Welt. Meine Mutter war immer von klassischer Musik umgeben gewesen. Sie hatte in einem Ensemble die erste Geige gespielt. Ich erinnerte mich gut an die Montagabende, wenn bei uns im Wohnzimmer geprobt wurde. Ich lag im Bett und schlief unter den Klängen dieser Musik ein, die aus einer fremden Welt durch die Wände zu mir herüber flutete.

An der Endstation in frühlingshaftem Grün wachte ich wieder auf. Mein Großvater umarmte mich mit viel Wärme, aber ich ließ ihn nicht mehr meinen schweren, blauen Koffer tragen, ich überragte ihn inzwischen um einen Kopf.

Es war Ostersamstag. Wir gingen zwischen den regenschweren, in voller Blüte stehenden Obstbäumen hindurch, die meine Großmutter wie jedes Frühjahr mit Silberglöckchen behängt hatte. Zwischen den Himbeerbüschen duckten sich schimmernde Osterhasen.

Als die bröckelnde gelbe Fassade in Sicht kam, tönte uns ein festliches Geigenkonzert entgegen, nein, nicht live. So waren meine Großeltern, sie füllten ihre Ohren, ihre Adern, ihre Lunge den ganzen Tag mit Musik. So schwebten sie über dem Alltag und über dem Tod. Wie unter LSD. Vielleicht waren sie deswegen immer so sanft und freundlich. Nicht einmal die Tatsache, dass mein Zug vierzig Minuten Verspätung hatte, konnte ihren Gleichmut stören. Meine Großmutter servierte die Rouladen, die es zu Ehren meiner Ankunft immer gab, auf den besten, den grün-goldenen Tellern und lächelte, aber nur mit dem Mund. Weiter ging ihr Lächeln nie.

Ich kam jedes Jahr zwei- oder dreimal zu meinen Großeltern. Seit elf Jahren, immer in den Ferien, damit mein Vater seine Freundinnen in schicke Hotels ausführen konnte, ohne mich.

Nein, ich bin nicht eifersüchtig, das ist nicht wahr, ich kam gern hierher. Hier war meine Mutter zu Hause gewesen. Hier war sie zu der geworden, die sie war. Immer noch dasselbe Haus, wenn auch im Verfall begriffen, derselbe verwilderte Garten, dieselben Großeltern, wenn auch jedes Jahr kleiner und älter. Sie hatten ihre Tochter überlebt, eine Tatsache, die wie ein dünner, grauer Trauerflor das Haus durchzog, von Foto zu Foto, vom Klavier zu der mattglänzenden Geige meiner Mutter. Die thronte jetzt mit angestaubtem Bogen stumm auf einem blauen Samtkissen im Wohnzimmer. Ihr Klang hatte mit der Besitzerin diese Welt verlassen. Ein Autounfall. Ich war fünf gewesen damals. Da half auch das heitere Gebimmel der silbernen Glöckchen im Garten nicht, auch nicht das Geigenkonzert. Die Stille im Inneren war lauter.

Ich liebte dieses Haus, das Museum meiner Mutter. Dort war ich ihr nahe und konnte sie spüren. Das Gespräch kreiste bald wieder um sie, unseren Mittelpunkt, den Platz, an dem niemand vor dem grün-goldenen Teller saß. Wir tranken aus den tulpenförmigen Gläsern mit Goldschliff. Ihr Glas bewegte sich nicht.

»Stell dir vor«, setzte meine Großmutter erneut an. »Eine Brieffreundin deiner Mutter hat sich aus England gemeldet, nach all diesen Jahren. Sarah heißt sie, sie hat uns die Briefe geschickt, die sie von ihr bekommen hat. Ich habe sie dir dort auf den Kamin gelegt.«

Mehr verriet sie nicht, ich sollte sie selbst lesen. Mein Großvater erzählte von dem Grab, das er neu bepflanzen wollte. Welche Blumen sie wohl dieses Jahr gerne sehen würde? Sie besuchten ihr Grab täglich. Ohne die Erinnerung an meine tote Mutter wären sie so schnell gealtert wie das Haus. Sie, obwohl sie tot und begraben war, gab ihnen den Lebenswillen.

Ich beendete das Essen, so schnell ich konnte, obwohl die Rouladen gut waren wie immer. Die Erinnerung an unzählige freundliche Willkommensessen ploppte auf wie Springkraut. Warme Liebe, die mir serviert wurde, vor der ich mich immer hilflos fühlte.

Vor dem Kamin stand ein fleckiger, senfgelber Ohrensessel. Ich machte mich klein und langte nach dem Bündel mit den Umschlägen. Handgeschriebene Briefe. Ich betrachtete sie mit Ehrfurcht und zögerte. Hellgelbes Papier, eine kleine, sehr klare Schrift. Es waren etwa 30 Briefe, ein ganzer Stapel. Ein Geruch aus dem Keller der Vergangenheit, in der meine Mutter noch am Leben gewesen war. Die Worte in blauer Tinte waren leicht zu entziffern.

Ich tauchte ein. Es ging um Konzerte, um Proben des Ensembles, um Stücke. Nein, meine Mutter war keine professionelle Künstlerin gewesen, sondern als Lehrerin an der Musikschule tätig. Sie hatte in diesem privaten Ensemble gespielt, das sich jeden Montag bei uns zu Hause einfand, meine Kindheitserinnerung: Streicher und Sängerinnen. Das *Gaudium Musicale*. Ihre Freundin Sarah schien dagegen von Beruf Pianistin gewesen zu sein, erst erfolgreich, danach weniger, später kamen Ehe, Kinder und ihr Job als Klavierlehrerin. Zwei Frauen, die ihr Leben ganz der Musik gewidmet hatten.

Meine Großeltern beklagten immer, dass ich kein Instrument spielte, aber meinen Vater kümmerte es nicht. Ich hörte lieber meine Musik.

Die krasse Schwärmerei meiner Großeltern für die Klassik habe ich nie verstanden. Bach und Mozart sind tot und mit ihnen ist auch ihre Epoche begraben. Warum sollten wir uns um sie und ihre Musik kümmern? Der ruhige Beat meiner Musik gab mir die Kraft, die ich für mich und mein komisches Leben als Halbwaise brauchte. Die fand ich nicht bei Beethoven und nicht bei Vivaldi. Deren Musik hörte sich schön an, ja, elegant. Aber sie erreichte nur meine Ohren, weiter reichte sie nicht.

Ich war meiner Mutter ganz nah, als ich aus den Briefen ihre Stimme hörte, ihre Satzmelodie, ihre Wortwahl. Aber worüber sie schrieb, entfernte sie wieder von mir. Konzerte, Proben, Schallplatten – und immer nur Klassik. Warum? Warum die Flucht in eine staubige Vergangenheit?

Sie musste diese Sarah sehr geschätzt haben, nannte sie ›my darling‹. Ein Händelkonzert hatten sie 1993 in Birmingham zusammen gehört, wo Sarah wohnte. Ihre Begeisterung für Händel loderte mir aus den Briefen in heißen Flammen entgegen. Händel – für mich langweilig, zu viele Noten und nur Geigen.

Meine Mutter schrieb noch Jahre später darüber, als wäre es gestern gewesen. *Quel fior che all'alba ride – Il sole poi l'uccide.* Dieses italienische Duett habe sie nach Italien versetzt, schrieb sie, wie auf einem fliegenden Teppich. Sie habe die Knospen gesehen, jede einzelne, die am Abend zugrunde gehen würde, die Sonnenscheibe, wie sie aufging und wieder unter, und Vögel gehört, die gar nicht in der Komposition vorkamen. Auch diese Leichtigkeit des Seins habe sie gespürt, die es nur in Italien gebe, sogar im Winter und vielleicht sogar im Tod. Ich schaute mir auf Google die Übersetzung an: *Diese Blüte, die in der Morgenröte lacht, die Sonne tötet sie später.*

Was sollte ich damit anfangen? Flucht in ein Idyll? Vor der Gegenwart, der Familie, dem Alltag? Ich kam in den 30 Briefen kaum vor. War ich nicht wichtig gewesen? Zwanzig Jahre hatten die beiden sich Briefe über Musik geschrieben, und immer wieder dieses Händel-Duett.

Ob sie das mit Vater auch hatte teilen können? Er sprach nicht oft über sie. Anfangs war es möglicherweise zu schmerzhaft, und jetzt hatte er seine Freundinnen. Aber ich hätte so gerne vieles gefragt, denn er hatte viel mehr Erinnerungen an sie als ich. Im Keller stand lange sein Cello, aber das hat er kürzlich verkauft.

Danach besuchten wir ihr Grab. Mein Großvater steckte Noten in die Blumenvase. *Quel fior*, Geigennoten, neue Edition.

Nach dem Abendessen legte ich die CD mit Händels italienischen Duetten auf und rollte mich wieder in dem fleckigen, senfgelben Ohrensessel ein.

Meine Großeltern sahen mich nicht einmal. Während sie abräumten, fing plötzlich der Großvater an, mit den Tellern zu dirigieren und zu tanzen und Großmutter summte dazu. Ich sah das Licht, das in ihren Gesichtern aufleuchtete.

Großvaters Blick fiel auf mich, gerade als das letzte Duett zu Ende war. Großmutter drückte noch einmal den Knopf, der Großvater zog mich aus dem Sessel und tanzte mit mir eine Art Walzer dazu. Er schaute mir nicht in die Augen. Ich drehte mich mit dem Vater meiner

Mutter zu der Melodie, die ihr gehörte. Wer führte die Bewegungen meines Großvaters? War es meine Mutter? War es die Musik, eine geheime Brücke für die Toten? Aber ich war immer noch außen vor und lächelte nicht.

L'occaso ha nell'aurora. Die Zerstörung geschieht beim Sonnenuntergang.

Als die Musik verstummte, blieb mein Großvater stehen, öffnete seine hellen Augen und blinzelte.

»Sie war da?«, fragte ich.

»Ja, sie war da«, sagte er, und wandte sich der Großmutter zu. Sie gab ihm die Hand, seufzte und sah mich an. »Gefällt dir Händel?«, fragte sie.

»Ich mag ihn jetzt lieber als vorher«, entgegnete ich, um ihr etwas Nettes zu sagen, ohne zu lügen.

»Ja, das wäre doch schön«, sagte sie versonnen.

Am Abend las ich noch einmal die Briefe durch. Der Sommer, die Knospen, der Sonnenuntergang, der Tod, die Leichtigkeit des Seins. Das Montags-Ensemble. *Gaudium Musicale.*

Mein Sein war nicht leicht, mein Leben lastete wie eine Bleidecke auf meinen Schultern. Auch wenn ich bei meinen Großeltern eine Ahnung davon bekam, wie es war, sich von dieser Musik treiben, beleben, hochheben zu lassen. Statt am Boden zu kleben wie ich. Ich träumte von Italien und breitete meine Flügel aus.

Zum Frühstück am Ostersonntag gab es wie jedes Jahr in dem alten Haus Vivaldi, die *Vier Jahreszeiten*. Ich schaute über meine große, geblümte Tasse hinweg in den Garten, den meine Großeltern mit nachlassenden Kräften bearbeiteten – und spürte, wie die Musik allmählich meinen Blick veränderte.

Nicht nur die prallen Regentropfen auf dem Laub, die mir jede Lust

Gaudium Musicale 2022. © Alejandro Benitez

nahmen, an die Gartenarbeit zu gehen, sah ich, sondern mit einem Mal auch das grelle Hellgrün der jungen Blätter. Nicht nur die verrottenden Gartenabfälle auf der Grünfläche, die Löcher in den Rasen brannten, sondern auch die Gänseblümchen, die ihre zarten Blütenblätter wegen des Regen noch nicht ganz geöffnet hatten. Spinnenweben, mit Tautropfen beschwert, ein kleiner Käfer, der nach langem Kampf einen Blumentopf erklomm. Knospen, so dicht von grünen Keimblättern umschlossen, dass ich ihre Blütenfarbe kaum erahnen konnte.

So viel zauberhaft Schönes, das mir bisher entgangen war. Ich hatte immer einen klaren Blick gehabt für die Mängel. Aber mit diesen Jubeltönen des heraufziehenden Sommers im Ohr nahm ich auch die luftigen Schlingen der Brombeere wahr, wie sie sich vor lauter Freude ringelten, die unglaubliche Pracht der neuen Belaubung in der Höhe, und als die Musik schließlich schwieg, da brach, als ob jemand ein Drehbuch dazu geschrieben hätte, die Sonne durch und warf einen zaghaften, aber entschiedenen goldenen Sonnenstrahl in mein neu gewonnenes Panorama. Die Musik hatte die Regie über den Garten übernommen.

Die Großmutter legte zart die Hand auf meine Schulter, und ich wachte auf wie aus einer Trance. Ich versuchte, ihr zu erklären, was ich selbst noch nicht verstanden hatte.

»Das freut mich«, unterbrach sie mich, »dass du das erlebt hast.«

»Ein guter Tag dafür, denn heute ist Ostern«, fügte sie hinzu und schaute nun selbst in den nassen Garten.

»Hat Mama darum so viel Musik gemacht?«

Sie nickte bedächtig. »Ja. Die Musik lässt dich teilhaben an dem, was Menschen früher geschätzt und geliebt haben. Sie ist ein Band, das dich über Jahrzehnte oder Jahrhunderte hinweg mit den Menschen von damals verbindet.«

»Die Toten und die Lebenden«, fügte ich hinzu.

»Du lebst dann ihre Musik und ihre Zeit.« Sie richtete sich auf. »Das macht dich größer. Musik überwindet die Grenzen der Zeit, manchmal sogar den Tod.«

Ich schwieg und biss in mein Brot mit Pflaumenmus.

E perde in un sol dì la primavera. Und sie verliert an einem einzigen Tag den Frühling.

Beim Zähneputzen fing es an. Ich hasse es, die Zähne zu putzen. Nie vergeht die Zeit so langsam wie beim Zähneputzen. Aber plötzlich begann in meinem Kopf der Händel zu spielen, *quel fior*. Und das Putzen war keine Mühe mehr, meine Zahnbürste tanzte ein Ballett.

Die Melodie begleitete mich durch den Tag und schüttete ein besonderes Licht auf alles, was mir begegnete. *Al alba*. Plötzlich war alles sinnvoll und geordnet, was mich umgab. Und schön. Wie ein Ballett. Sogar das Abwaschen und die Gartenarbeit. Als ob es Teil einer Oper wäre. Und ich als Akteurin mittendrin.

E perde la primavera. Es war Musik aus wiederauferstandenen Klängen, deren Tür sich gerade eben für mich geöffnet hatte und die nun in meinen Ostersonntag floss.

Der Blick meiner Großmutter erwärmte sich, als sie mich durch das Haus schweben sah. »Das Lächeln deine Mutter.« Es fühlte sich ungewohnt an auf meinem Gesicht. Ich wusste noch nicht, ob ich es mochte.

Am Abend dieses denkwürdigen Tages fragte ich, ob ich vielleicht einmal die Geige haben dürfte, die auf der Kommode auf dem blauen Samtkissen ruhte.

»Die Geige deiner Mutter ist sehr kostbar. Vielleicht solltest du erst einmal spielen lernen?«, meinte meine Großmutter mit einem Lächeln in den Augen.

Keine Ahnung, was mein Vater und seine neueste Flamme dazu sagen würden. Aber eigentlich ging sie das nichts an. Denn schließlich war das eine Sache zwischen meiner Mutter und mir.

Cornelia Schade

Theater im Café

Einen Cappuccino und ein kleines Frühstück bitte.«

Ich bin die Erste heute im Café *Zettel's Traum* in Opladen, einem Lese-, Musik- und Kunstcafé.

»Kommt sofort!«, erwidert die Bedienung.

Ich steuere auf das Bücherregal zu, entnehme den Schmöker von gestern und suche mir einen Platz in der Ecke.

»So zeitig heute?« Die junge Frau bringt mir den Cappuccino.

»Ich will unbedingt weiterlesen, musste gestern an einer spannenden Stelle aufhören«,erkläre ich. »Außerdem komme ich am liebsten zu Ihnen, Frau Seidel.«

»Bitte, hier nennen mich alle Kerstin.«

»Gern. Im *Zettel's Traum* kann ich mir Zeit zum Ausruhen und Genießen nehmen. Manchmal habe ich das Gefühl, man ist hier auf einer Insel.«

»So soll es sein.« Kerstin lächelt. »Das Frühstück dauert noch einen Augenblick. Wollen Sie es lieber herzhaft oder süß?«

»Süß. Wenn es geht, mit Erdbeermarmelade. Mir reicht ein Brötchen. Danke.«

Während ich auf das Bestellte warte, schaue ich mich ein wenig um.

Am Eingang hängt noch das Plakat vom letzten Samstagabend. Die Leverkusener Band *CHANGE* hatte gespielt. Ein kurzweiliger Abend. Der Bassist Andreas Miller las mit Unterstützung der Schauspieler Martina Dolle und Christian Huchthausen eine Auswahl seiner Kurzgeschichten, die von der Band musikalisch umrahmt wurden. In Gedanken höre ich das Saxofon. Es hat sich bei mir eingeschmeichelt. Aufregender waren allerdings *The Flatbugs*, die Rockabilly-Band aus

Siegen, die Anfang Juni hier ein Konzert gaben. In deren Adern floss kein Blut, sondern Rock' n' Roll. Was für ein Abend! Das kleine Café war rappelvoll und der ganze Raum vibrierte. Unvergesslich!

Mein Blick fällt auf ein junges Mädchen, das geradewegs auf meine Ecke zusteuert. Ich schaue in fragende Augen. Sollte ich sie kennen? Nein, nicht dass ich wüsste.

»Hier Ihr Frühstück. Guten Appetit!«, unterbricht die Bedienung meine Gedanken.

»Das sieht lecker aus. Vielen Dank«, erwidere ich.

Das junge Mädchen hat sich unterdessen in die äußerste Ecke gesetzt und einen großen Kaffee schwarz bestellt.

Im Augenwinkel sehe ich, dass sie Bücher aus dem Regal nimmt und vor sich stapelt. Sie ist kaum noch zu sehen.

Will sie das alles lesen? Sucht sie Informationen für eine Hausarbeit? Nein, sie packt kein Schreibzeug aus. Versteckt sie sich? Wahrscheinlich will sie nur ihre Ruhe haben.

Ich auch.

Mein Brötchen wartet darauf, geschmiert zu werden, dann schlage ich das Buch mit der gekennzeichneten Seite auf und versinke, ab und zu vom Brötchen abbeißend, in der Geschichte.

Stille.

Der Kaffeeduft verbreitet eine angenehme Atmosphäre.

»Kann ich Ihnen noch einen Cappuccino bringen?«, werde ich unterbrochen. Ich schaue in meine leere Tasse und nicke. »Ach, bringen sie mir auch noch einen O-Saft, bitte!«, rufe ich Kerstin hinterher. Kurz streift mein Blick einen breiten Rücken; vorn am ersten Tisch sitzt ein weiterer Frühstücksgast, mir abgewandt.

Gerade will ich mich wieder in meine Lektüre vertiefen, da reißt jemand die Tür auf, wirft einen Aufsteller um, stürzt in das Café und ruft: »Maria! Maria!«

Das junge Mädchen verschanzt sich noch tiefer hinter dem Bücherturm.

Zielstrebig stürmt ein Bursche, vielleicht 15 oder 16 Jahre alt, auf unsere Ecke zu.

»Maria!«, ruft er erneut. »Du kannst mich doch nicht einfach so stehen lassen!«

Im Vorbeidrängeln stößt er an meinen Tisch, sodass die Blumenvase umfällt.

»Na, na, nicht so stürmisch, junger Mann!«, rufe ich und trockne die Pfütze mit meiner Serviette. Ein Glück, dass sich in der Vase nicht viel Wasser befunden hatte.

»Siehst du, was du angerichtet hast! Lass mich in Ruhe! Es ist alles gesagt!«, wehrt das Mädchen ab.

»Aber ich liebe dich doch!« Er packt sie am Arm und zerrt sie vom Stuhl.

»Aua, du tust mir weh!«, schreit sie.

»Lass sie in Ruhe, Alter!« Ein athletischer junge Mann ist hinzugekommen. Er befreit Maria aus dem Griff des Burschen und stellt sich schützend vor sie.

›Du liebes bisschen, was geht denn hier ab! Auf keinen Fall einmischen‹, denke ich und blättere in meinem Buch.

Die Enge des Raums erschwert meine Absicht, denn die beiden gehen nun aufeinander los. Mein Tisch wackelt. Geistesgegenwärtig bringe ich Kaffeetasse und Frühstücksgeschirr in Sicherheit.

»Das ist eine Sache zwischen Maria und mir!«, ruft der eine und packt sein Gegenüber am Schlafittchen.

»Hau ab, Kleiner! Maria und ich sind jetzt zusammen! Mit dir ist es aus, kapiert!«, kontert der andere und drückt den Kontrahenten zu Boden.

Ich schaue zu Kerstin und dem Gast am ersten Tisch. Beide scheinen sich an dem Krach nicht zu stören. Auch nicht, als ein zweiter Stuhl umkippt und Maria herumkreischt.

Proben sie hier vielleicht eine Theaterszene?

Eine moderne Version vom *Sommernachtstraum*?

Darum ist heute nicht so viel los im Café. Klar, das muss es sein! Toll, was die hier alles auf die Beine stellen!

Ich googele in meinem Smartphone den Veranstaltungskalender vom Café *Zettel's Traum*.

Doch ich komme nicht weit, denn ich muss meinen Tisch festhalten. Die beiden Kampfhähne stoßen dauernd an. Marie fuchtelt mit den Armen, ihre Bücher rutschen lautstark auf den Boden. Sie schreit:»Haut ab, beide! Lasst mich in Ruhe!«, und sucht Schutz bei mir.

Ich schaue sie an. ›Sie spielt wirklich gut‹, denke ich.

Plötzlich steht der Gast vom ersten Tisch auf: ca. 185 cm groß, sicher größer, 95 kg, sicher mehr. Mit grimmigem Blick und angespanntem Körper kommt er auf unsere Ecke zu.

Kerstin steht lässig an die Wand gelehnt und schaut dem Treiben lächelnd zu.

Ich finde die Szene köstlich, vor allem so authentisch! Schülertheater? Oder Laientheater? Das kriege ich noch raus! Meine Aufmerksamkeit haben sie jedenfalls.

Ohne ein Wort packt der Riese die Burschen am Kragen, schubst sie vor sich her bis zum Ausgang und wirft sie aus dem Café.

Ich sehe noch, wie die beiden ihm den Stinkefinger zeigen und davonrennen.

»Gibt es hier einen Hinterausgang?«, fragt Maria.

»Nur durch das Küchenfenster!«, antwortet Kerstin und macht den Weg für Maria frei.

Sollte ich klatschen? Ich bin unsicher und winke Kerstin herbei.

»Hatte ich Ihnen schon den O-Saft gebracht?«, fragt sie. Ich schüttelte den Kopf. »Wurde hier eine Theaterszene geprobt?«, bringe ich zögerlich hervor.

Kerstin lacht lautstark. Sie dreht sich um und ruft: »Ralf, hast du hier eine Theaterszene geprobt?«

Schallendes Gelächter. Er dreht sich zu mir. Nur für einen kurzen

Augenblick schaue ich in die freundlichen Augen des bärenstaken Mannes. Dann widmet er sich wieder seiner Zeitung.

Kerstin wischt sich die Lachtränen aus den Augen und sortiert die heruntergefallenen Bücher wieder in das Regal ein.

»Entschuldigen Sie, dass ich lachen muss. Nein, das ist alltägliche Realität. Mal flippt der eine, mal der andere aus. Aber ich habe Ralf, der immer mal nach dem Rechten schaut. Stimmt's Ralf?« Nur ein Brummen ist zu hören und das Rascheln der Zeitung.

Die Band CHANGE von links: Hanno Sachs (Saxophon, Gesang), Christopher Henzel (Gitarre), Otmar Schniske (Schlagzeug), Andreas Miller (Bass, Gesang). Rechts außen: Christian Huchthausen (Schauspieler), Martina Dolle (Schauspielerin) © Michael Kratzer

»Schade«, erwidere ich, »Das würde zu Ihrem Café passen. Sie präsentieren Ausstellungen von Künstlern, geben Literaten einen Ort für Lesungen, Musikern verschiedenster Musikrichtungen eine Bühne und schaffen für Ihre Gäste eine Atmosphäre der besonderen Art.

Warum nicht auch Wohnzimmertheater? Vielleicht fände sich jemand, der einen Theatertext zu *Zettel's Traum* verfasst?«

Kerstin wird gerufen, eine größere Gästeschar zieht ein, und die Bedienung hat alle Hände voll zu tun.

Als ich nach etwa einer Stunde das Café verlasse, nehme ich den Flyer mit der Ankündigung der Krimilesung mit Jutta Wilbertz mit. Ich lese: »Virtuos begleitet wird sie von ihrem Gatten Thomas, dessen Suppe sie bisher noch nicht mit Arsen gewürzt hat – er spielt zu schön Gitarre, singt und darf manchmal sogar etwas sagen.«

›Na bitte‹, denke ich, ›Das ist doch schon fast ein Bühnenstück.‹

Die Autorinnen und Autoren
sowie die in ihren Geschichten erwähnten Künstlerinnen und Künstler, Institutionen und Orte

Heinke Stulz
Wörter, Worte, Sätze und Bilder. Ein Baukasten, um unbekannte Lebensräume zu erschaffen. Ob sie besser sind? Farbiger? Wärmer? Klarer? Dichter? Es ist immer ein neuer Versuch. Ein literarisches Konstrukt, ein alternativer Lebensentwurf, ein Spiegelkabinett.

Gaudium Musicale – Schlebuscher Ensemble mit einem Streichquartett, zwei Sängerinnen und weiteren assoziierten MusikerInnen. Spielt Barock und Klassik in Leverkusen und Umland.

L'Arte del mondo - »Orchestra in Residence« bei Bayer Kultur. »Dieses Ensemble ist ein Aushängeschild für diese Stadt. Ein wunderbares, international angesehenes Orchester aus Leverkusen.« (Bayer-Kultur-Chef Thomas Helfrich) KStA 28.1.22

Ulrich Bornewasser
Musiker und Literaten laden ein zum Träumen. Sie heben Grenzen auf. Mit dem LiteraturLabor gebe ich allen am Schreiben interessierten Leverkusenern eine Möglichkeit im Kreise Gleichgesinnter Kurzgeschichten zu entwickeln, Netzwerke zu knüpfen und Kultur zu fördern.

Seit über 50 Jahren steht die Band **DREAM** rund um den Leverkusener Buchhändler Manfred Gottschalk auf der Bühne, unter anderem im Veranstaltungssaal des Industriemuseums Sensenhammer, wo sie – jedenfalls in dieser Anthologie – eine fantastische Zeitreise erlebt.

Brigitta Buse

Die Pädagogin und Weltbürgerin sammelt seit frühester Kindheit Worte, da ihr Großvater Buchdrucker war. Sie verleiht künstlerischen Ideen in Literatur, Ikebana und Malerei Form. Reduktion auf das Wesentliche ist ihr Markenzeichen, sie hat die Kraft, uns im Innern zu berühren.

Lev Ron war eine israelische Folklore-Tanzgruppe, die sich 1997 in der Musikschule Leverkusen gegründet hatte. Das hebräische »Lev« bedeutet passenderweise »Herz«.

Michaela Gawlick

Reden ist Silber, Schreiben ist Gold. Geschichten an- und auszuprobieren ist die Leidenschaft der freien Texterin. Ihr Kater Scotty hofft auf eine Hauptrolle. Zu Recht? Bleiben Sie dran!

Die Songs von **JOHNA** sind ein poetischer Mix aus Country, Folk und Pop, der Sehnsucht aber auch Leichtigkeit widerspiegelt und mit melancholischen Noten teilweise an moderne Chansons erinnert. In der Tradition der Singer/Songwriter verwurzelt, offenbart sie in ihrer Musik Gefühle und Gedanken, mal zart und zerbrechlich, mal stark und kämpferisch. Mehr unter www.johna-music.de

Joshua Kraski

Studiert nicht nur Literatur, sondern wagte mit dem Literaturlabor erstmals auch selbst, praktisch aktiv zu werden. Frei nach dem Motto: »Wer nicht wagt, der nicht gewinnt.«

Beim **Festtagschor** in Hitdorf treffen sich anlässlich hoher Feiertage die verschiedensten Menschen, um gemeinsam zu singen. Egal, wo man herkommt oder wer man ist, ob man singen kann oder nicht. Jeder und jede ist willkommen, um gemeinsam Musik zu machen. Dabei stehen das Zusammenkommen, der Austausch und die Spontaneität im Vordergrund.

Christian Linker
schreibt Romane für Kinder, Jugendliche und Erwachsene und teilt die Begeisterung für seinen Beruf gern in Workshops und Schreibgruppen.

Mit seiner Band **Backyard Poetry** war der Kölner Singer-Songwriter Wolfgang A. Noethen in den 2000er-Jahren erfolgreich; inzwischen konzentriert er sich überwiegend auf sein Projekt *Who's afraid oft he big bad Wolfe*. Obwohl eingefleischter FC-Fan, tritt der gebürtige Brühler auch in Leverkusen gern auf. Mehr auf www.wolf-music.net

Andreas Miller
musiziert gern, aber über das, was ihn im Innersten tief bewegt, schreibt er lieber. Seine Lyrik und Kurzgeschichten handeln meist vom Scheitern des Menschen und von den Narben, die er davonträgt, die ihn aber auch als Menschen ausmachen.

Die gebürtige Leverkusenerin Stefanie Posse schreibt seit ihrer Jugendzeit Lieder, Stefan Brunner aus Dorsten spielt seit seiner Jugendzeit in Bands. Seit 2016 stehen sie gemeinsam auf der Bühne und verbinden dabei Vergnügen mit Tiefgang, Liedermachersongs mit Kabarett, präsentieren als **possebrunner** Chansons neu gedacht.

Stefan von Hatten ist Gründer der BLUE Thursday Blues Night. Begonnen 2017 im Club der Töne in Köln hat Stefan die Jam-Session schnell ins musikverrückte Leverkusen gebracht. Bis Ende 2021 hat er das unter den Bluesmusikern beliebte mo-

natliche Event im legendären Musikclub Topos in Leverkusen
organisiert.

Cornelia Schade
möchte mit ihren Erzähltexten berühren und herausfordern. Ihre Geschichten spiegeln gelebtes Leben. Manche bringen den Leser zum
Lachen, manche machen traurig. Andere wiederum regen zum Nachdenken an. Eine Selbstbegegnung ist erwünscht.

Die Leverkusener Band **CHANGE** in der aktuellen Besetzung
Christopher Henzel (Guitar), Otmar Schniske (Drums), Hanno
Sachs (Saxophon, Gesang) und Andreas Miller (Bass, Gesang)
präsentiert seit 2017 ein breites Repertoire aus Blues-, Rock- &
Soulsongs. Die Gigs und Konzerte leben vom authentischen
amerikanischen und englischen Sound der Band, den Rock- und
Blues Stimmen, den knackigen Rhythmen und den Soli des
Saxophonisten und des Gitarristen.

Die fünf Leverkusener Musiker*innen der Gruppe **crazy freilach** tragen seit mittlerweile zwei Jahrzehnten ungebrochen die
Leidenschaft des Klezmer in sich. Mit großem Enthusiasmus
widmen sie sich der zeitgenössischen Klezmermusik und dem
jiddischen Gesang mit dem Ziel, dieses fantastische musikalische ›Yerushe‹ (jiddisch für ›Erbe‹) der osteuropäischen Juden
lebendig zu halten. Mehr auf: www.crazyfreilach.de

Zettel's Traum ist Café, Ausstellungsraum, Konzertsaal und
beliebter Treffpunkt vieler Autor*innen des Literaturlabors Leverkusen. Mehr auf: www.cafe-zettels-traum.de

Regina Schleheck
liest, literaturt, lehrt, lektoriert, leitet das LitLabLev.

Das **Topos** ist eine Institution in Leverkusen und weit über die Grenzen der Stadt hinaus, in seinen Hoch-Zeiten unter Wolfgang Orth bis in die Hochburgen des Jazz und Blues rund um den Globus, Kultkneipe, Künstlertreff, kommunales Kommunikationszentrum und Bühne für weltberühmte wie weniger bekannte Musiker. Der Pappmaché-Eisbär könnte dazu Geschichten erzählen … Die Band **Blues Mobil** gibt es in der Formation nicht mehr, aber ihre Musiker sind nach wie vor in anderen Konstellationen unterwegs, auch der hier erwähnte Posaunist Wolfram Schurack. https://www.banda-metafisica.de/personal/elementor-175/

Hans Schmitz
schreibt vor allem Kurzgeschichten, gern mit speziellem Zeitbezug. Mitglied der Leverkusener Studiobühne und auch musikalisch unterwegs, als Duo mit Partner oder mit Band.

Campfire Connection Cologne sind Michael Schmettkamp und Hans Schmitz, die seit 2007 gemeinsam Musik machen. Mehr auf www.campfireconnectioncologne.wordpress.com

Dagmar Maria Toschka
In ihren Büchern erzählt die Autorin von amtsmüden Kommissaren, inspirierenden Krisenlösern und zu neuen Ufern aufbrechenden Zau Sie selbst schreibt am liebsten mit Blick auf den Rhein auf einem Boot und findet: Gute Geschichten verleihen Flügel.

Der Irish Pub **Notenschlüssel** in Nachbarschaft der Musikschule Leverkusen wurde als eine der führenden Whisky-Bars Deutschlands ausgezeichnet. Viele Fernsehzuschauer*innen kennen den Leverkusener Schauspieler **Jan-Gregor Kremp** als

Der Alte aus dem ZDF. Weniger bekannt ist, dass er auch als Musiker aktiv ist.

Frank Weidemann
Jahrgang 1958, Wahlleverkusener, liebt das Rheinland, seine Menschen, die Natur; schreibt und erzählt Geschichten – von dem, was ist, und von dem, was sein könnte.

Reiner Lützenkirchen ist Gitarrist aus Leverkusen. In Soloprogrammen oder gemeinsam mit anderen Musiker*innen interpretiert er die Musik, mit der er groß geworden ist, und bringt das, was er zu sagen hat, mit seinem Gitarrenspiel zum Ausdruck.